Volker Zwick

Geld sparen beim Telefonieren!

Die besten Tips und Tricks rund um die neuen Anbieter

Originalausgabe

WILHELM HEYNE VERLAG
MÜNCHEN

Besuchen Sie uns im Internet:
http://www.heyne.de

Umwelthinweis:
Dieses Buch wurde auf
chlor- und säurefreiem Papier gedruckt.

Copyright © 1998 by Wilhelm Heyne Verlag GmbH & Co. KG, München
Printed in Germany 1998
Konzeption und Realisation: Medien-Agentur Gerald Drews, Augsburg
Redaktion: Susanne Vieser
Gesamtbetreuung: Christine Proske (Ariadne Buchkonzeption, München)
Umschlagillustration: Bavaria Bildagentur/Ken Davies, Gauting
Umschlaggestaltung: Atelier Bachmann & Seidel, Reischach
Satz: DTP/Walleitner
Druck und Bindung: Pressedruck, Augsburg

ISBN 3-453-15249-2

Inhalt

Vorwort   **7**

I.   Telekommunikation   **9**
  1. Was ist das eigentlich?   9
  2. Ein Blick nach vorn: die Telefonzukunft   10

II.   Bessere Netze – mehr Komfort   **12**
  1. Nummernanzeige   12
  2. Anklopfen, Rückfrage, Makeln, Dreierkonferenz   13
  3. Umleitung zum anderen Anschluß   15
  4. Der Gebührenimpuls   16
  5. Zugang zum Internet   17
  6. Die Geräte für den Komfort   19

III.   Die Wahlfreiheit im Festnetz   **20**
  1. Call-by-Call   22
  2. Preselection   24
  3. Callback-Service   26
  4. Im Dschungel der Tarife   27
  5. Neue Servicenummern   31

IV.   Alles mobil ...   **37**
  1. Die Netze   37
  2. Die Tarife im Mobilfunk   40
  3. Satellitentelefonie   45

V.   Die Rechte von Kunden   **48**
  1. Der Anschluß   48

2. Die Rufnummer 49

3. Der Einzelverbindungsnachweis 50

4. Eine Rechnung für alle 51

5. Der Eintrag ins Telefonbuch 52

6. Wenn die Rechnung nicht stimmt 53

7. Die Kaution 55

8. Die Sperre 55

9. Hilfe in Notfällen 56

VI.   Die Suche nach dem besten Anbieter   58

1. Das Telefonverhalten 58

2. Billig ist nicht gleich preiswert 60

3. Die Call-by-Call-Tabelle 61

4. Zielwahltasten nutzen 62

5. Kontrolle der Rechnung(en) 63

6. Die Vertragsdauer und die Kündigungsfrist 63

7. Mehrere Anschlüsse 64

8. Technische Helfer 65

9. Der Wechsel 67

VII. Glossar   69

VIII. Adressen   78

1. Die wichtigsten Anbieter 78

2. Verbraucherverbände und andere wichtige Adressen 94

Vorwort

»Was, Du machst ein Buch zum Thema Telefonieren? Das ist doch ganz einfach: Hörer abheben, Nummer wählen und sprechen.«

So reagierte ein Bekannter, als er hörte, daß ich ein Buch zum Thema Telekommunikation schreiben werde. Im Prinzip hat er recht. Telefonieren ist nicht schwierig und wird auch in Zukunft nicht schwierig sein. Wie gesagt, einfach abheben, Nummer wählen und los geht's. Das kann jedes Kind.

Auf meine Frage hin, ob er schon jemals etwas von »Call-by-Call«, »Preselection« und dem liberalisierten Telefonmarkt gehört habe, nickte er zwar, gestand aber gleichzeitig ein, nicht so genau zu wissen, was die Begriffe bedeuten. Nur, daß man irgendwie damit sparen kann, das wußte er. Tatsächlich kann, wer sich auskennt, mit Hilfe von Call-by-Call und Preselection wirklich Geld sparen.

Als Orientierungshilfe und als Nachschlagewerk ist dieses Buch gedacht. Es bietet einen Überblick darüber, was derzeit im Bereich Telekommunikation – also im Festnetz wie im Mobilfunk – möglich ist. So werden die neuen technischen Möglichkeiten wie der Satellitenmobilfunk beschrieben, aber auch die Rechte der Kunden. Aber auch wenn Sie sich über die verschiedenen Service-Nummern oder andere Dienste, wie z. B. den Callback-Service informieren wollen, sind Sie hier richtig.

Fachspezifische Worte werden im ausführlichen Glossar am Ende des Buches erklärt. Dort finden sich auch die Definitionen von wichtigen Begriffen aus dem Bereich Telekommunikation. Selbstverständlich beinhaltet dieses Buch auch eine Auflistung der neuen Telefongesellschaften mit Adresse, Telefon- und Faxnummer, so daß Sie sich schnell mit diesen Anbietern in Verbindung setzen können, um Tarife oder Verträge anzufordern.

Was das Buch nicht bieten kann, ist eine klare Aussage zum günstigsten Anbieter oder über den billigsten Telefontarif zu treffen. Das liegt daran, daß sich der Telefonmarkt extrem im Wandel befindet: Neue Gesellschaften werden gegründet, neue Angebote und Dienste entwickelt, und nicht zuletzt fallen regelmäßig die Gebühren. Preisangaben oder die Beschreibung von Angeboten wären vielleicht also nicht mehr aktuell, wenn das Buch erscheint. Und: Den idealen Anbieter für alle gibt es nicht. Die Wahl hängt auch ab von den individuellen Voraussetzungen, dem Wohnort oder spezifischen Ansprüchen, die sich aus den persönlichen Telefongewohnheiten und dem nötigen Service zusammensetzen. Über aktuelle Tarife informieren die verschiedenen Anbieter, Zeitschriften oder das Internet. Was Sie allerdings beim Vergleich von Preisen und Gebühren beachten müssen und vor allem, welche Klauseln Sie in einem Vertrag beachten sollten, das wird wiederum in diesem Buch beschrieben.

Ich wünsche Ihnen viel Spaß bei der Lektüre und hoffe, daß auch Sie in Zukunft von den neuen Möglichkeiten profitieren: Telefonieren ist nicht nur einfacher und preiswerter, sondern auch komfortabler geworden, und wir stehen erst am Anfang dieser Entwicklung.

In diesem Sinne   Volker Zwick

I. Telekommunikation

Wenn es drunter und drüber geht und unübersichtlich wird wie auf dem noch jungen, privatisierten oder liberalisierten Telefonmarkt, ist es sinnvoll, zum Grundsätzlichen zurückzukehren. Was heißt eigentlich Telekommunikation?

Die Frage erschließt neue Zusammenhänge, verdeutlicht die jüngsten Entwicklungen auf einem Markt, der in den nächsten Jahren enorm wachsen und zu weiteren Angeboten, neuen Dienstleistungen und Techniken führen wird. Deshalb beschäftigt sich dieses Buch im ersten Kapitel auch mit dieser Frage.

1. Was ist das eigentlich?

Zwar ist das Wort Telekommunikation derzeit in aller Munde, wer aber nach einer genauen Definition fragt, bekommt meist nur Beispiele genannt: Telekommunikation, das ist Mobilfunk und das Telefonieren mit dem Handy, das ist Faxen oder das Surfen im Internet, das Verschicken elektronischer Post (Emails) und und und. Die Definition ist einfach.

Wie der Name schon sagt, handelt es sich bei der Telekommunikation um einen Teilbereich der Kommunikation. Die wiederum verläuft im Gegensatz zu den Massenmedien individuell und über elektronische Wege.

Kommunikationsbeziehung		
	Massenkommunikation	Individualkommunikation
Körperliche Beförderung	Presse	Postwesen
Elektronische Übertragung	Rundfunk	Telekommunikation

Kennzeichnend für die Telekommunikation sind folgende Faktoren:

1. Es handelt sich um einen Teil der Individualkommunikation und
2. die Kommunikation wird elektronisch übertragen.

Dazu sind drei Dinge notwendig: Einrichtungen zur Übertragung, zur Vermittlung und Endgeräte für die eigentliche Kommunikation. Letztere wandeln Nachrichten – gesprochene Nachrichten, Emails oder Faxe, inzwischen aber auch Bilder und Filme – in analoge oder digitale Nutzsignale um. Vermittlungseinrichtungen stellen die Verbindungen her, z. B. über die Wahl einer Telefonnummer. Schließlich benötigt man noch die Übertragungseinrichtungen, beispielsweise Kabel, Funkwellen, die Signale vom Sende- zum Zielort bringen.

2. Ein Blick nach vorn: die Telefonzukunft

Ein enormer Wachstumsmarkt, von dem auch in Zukunft noch viel erwartet wird, ist der Mobilfunk. Es ist davon auszugehen, daß nicht nur Geräte wie Handys, Pager etc. billiger werden, sondern vor allem die Gebühren. Neue Übertragungsformen wie z. B. die Satelliten-Telefonie, auf die an anderer Stelle genauer eingegangen wird, werden zu neuen Diensten und Möglichkeiten führen. Auch im Festnetz wird sich in den nächsten Jahren viel tun: Neben den gewöhnlichen Telefonnetzen etablieren sich gerade die Hochgeschwindigkeitsnetze ISDN oder ADSL, die ebenfalls viele Möglichkeiten vor allem im Bereich von Internet und Computertelefonie bieten. Schon heute kann davon ausgegangen werden, daß die Preise für Telekommunikationsdienstleistungen fallen werden. Ein Blick in die Vereinigten Staaten zeigt, daß nicht nur Telefonieren deutlich billiger sein kann als bei uns. Doch das wird dauern, die Regeln eines freien Marktes müssen sich ebenso durchsetzen wie die neuen Telefongesellschaften, was die Marktführerschaft der Deutschen Telekom AG, ein Ergebnis der Privatisierung der Deutschen Bundespost, brechen wird.

Neue Übertragungswege, mehr Dienste, fallende Kosten – das Bedürfnis nach Telekommunikation wird steigen. Nicht umsonst ist das Schlagwort »Telekommunikationsgesellschaft« überall zu hören oder zu lesen. Allerdings: Die Nutzung neuer Techniken, wie z. B. des Internets, oder die Einrichtung von Tele-Arbeitsplätzen setzen ein leistungsfähiges und preisgünstiges Telekommunikationsnetz voraus.

II. Bessere Netze – mehr Komfort

Seit Januar 1998 werden Telefon- und Telekommunikationsdienste auf einem freien Markt angeboten. Neben der Deutschen Telekom haben sich eine Reihe weiterer Gesellschaften etabliert, die Telefonverbindungen herstellen und Dienste anbieten. Zudem eröffnen sich innerhalb der verbesserten Netze neue Möglichkeiten, die das Telefonieren verändern werden.

Diese Serviceleistungen, die zunächst nur im digitalen ISDN-Netz und im Mobilfunk angeboten wurden, können nach der Digitalisierung des Festnetzes nun auch von normalen Anschlüssen aus genutzt werden. Zum Teil sind sie ohne weiteres abzurufen, andernfalls ist eine Anmeldung nötig, oder es werden zusätzliche Gebühren verlangt. Bevor die neuen Telefon-Anbieter vorgestellt werden, soll es hier darum gehen, wie die neuen technischen Möglichkeiten überhaupt funktionieren.

1. Nummernanzeige

Wer über einen ISDN-Anschluß verfügt, kennt diese Funktion. Sie übermittelt bei einem Anruf die Nummer des Anrufenden auf das Display eines Telefons. Der Vorteil dieser Anzeige: Sie sehen bereits, während es klingelt, wer anruft, und können entscheiden, ob Sie den Anruf entgegennehmen oder nicht. Neuere Telefone oder Anrufbeantworter speichern die Nummern der Anrufer, wenn nicht abgehoben wird. So kann jeder sehen, wer in seiner Abwesenheit angerufen hat.

Die Nummernanzeige funktioniert in zwei Richtungen, bedarf aber der Freischaltung beider Anschlüsse. Dies ist schriftlich zu beantragen und kostet einmalig zehn Mark. 2,95 Mark monatliche Gebühren werden danach zusätzlich verlangt.

Um zu sehen, wer anruft, wird ein Telefon mit einem geeigneten Display benötigt. Ersatzweise lesen Zusatzgeräte, die um 40 Mark kosten, die Nummer aus.

Wer hingegen lediglich will, daß die eigene Rufnummer auf andere Telefone übermittelt wird, kann diese Funktion kostenlos aktivieren. Sie gehört seit dem Januar 1998 zum Standard von neuen Anschlüssen der Deutschen Telekom und muß für vorhandene Anschlüsse formlos beantragt werden.

Das Übermitteln der eigenen Nummer ist nicht immer sinnvoll, deshalb läßt sich diese Funktion von Ruf zu Ruf unterdrücken. Dazu ist die Tastenkombination »✳31#« zu drücken.

2. Anklopfen, Rückfrage, Makeln, Dreierkonferenz

Zu dritt telefonieren, auch das ist jetzt durch neue Technik möglich geworden: Ruft zum Beispiel jemand an, während Sie telefonieren, hört der Anrufer normalerweise ein Besetztzeichen. Neuere Telefone mit sogenannter Hook-Flash-Taste (Informationen darüber stehen in der Anleitung) unterstützen die Funktion »Anklopfen«: In diesem Fall hört der Anrufer statt des Besetztzeichens ein Freizeichen, der Angerufene wiederum hört ebenfalls einen leisen Ton, während er spricht.

Dieser Anklopfton signalisiert, daß noch eine Person versucht, ihn zu erreichen. Was tun? – Dafür gibt es fünf Möglichkeiten:

1. Weitertelefonieren und den zweiten eingehenden Anruf einfach ignorieren.
2. Den ersten Anruf schnell beenden und den zweiten annehmen.
3. Den ersten Anruf in der Leitung parken, den zweiten kurz annehmen, um rückzufragen, wer anruft, was der Grund des Telefonats ist und wann zurückgerufen werden kann. Durch diese Rückfrage-Funktion kann ein Anruf auch geparkt werden, um zwischenzeitlich einen neuen zu führen (etwa um kurz einen gemeinsamen Treffpunkt zu erfahren).
4. Zwischen erstem und zweitem Anruf wechselweise sprechen, indem beide immer wieder in der Leitung geparkt werden. Diese Funktion heißt Makeln.
5. Mit beiden Anrufern gleichzeitig sprechen und eine Konferenzschaltung bilden.
   Während beim Anklopfen und Makeln nur mehr Gebühren entstehen, weil alle länger sprechen, ist die Dreierkonferenz gebührenpflichtig.

Anklopfen, Makeln und Dreierkonferenz sind bei ISDN- oder mit Mobilfunk-Anschlüssen schon länger möglich, können jetzt aber auch im gewöhnlichen Telefonnetz genutzt werden.

Neben der Deutschen Telekom werden wohl auch die neuen Gesellschaften diese Dienste anbieten, genauere Informationen der Telekom sind unter den kostenfreien Rufnummern 08 00/3 30 10 00 für private und unter 08 00/3 30 11 15 für geschäftliche Anschlüsse zu erfragen.

3. Umleitung zum anderen Anschluß

Wer längere Zeit nicht Zuhause oder im Büro ist, kann eingehende Telefonate auch auf eine andere Nummer umleiten: Diese Anrufweiterschaltung ist eine komfortable Funktion, von der vor allem Besitzer von Handys Gebrauch machen.

Allerdings: Während der Angerufene normalerweise für ein Telefongespräch nichts bezahlt, muß er nun die Kosten für die zusätzliche Verbindung übernehmen. Im Einzelfall, wenn die Umleitung in andere Ortsnetze oder ins Ausland oder zu Mobilfunkanschlüssen geht, kann das durchaus eine teure Sache werden. Aber dafür versäumt man keinen wichtigen Anruf.

In diesem Zusammenhang ist auch eine neue Serviceleistung der British Telecom interessant, die als eine der ersten Telefongesellschaften ihren Kunden eine Nummer für das Festnetz und für das Mobilnetz anbieten will. Grundlage hierfür sind Handys, die einen speziellen Dual-Mode unterstützen. Diese Geräte sind – wie jedes andere Handy auch – normalerweise im GSM-Mobilfunknetz eingebucht.

Der Clou dabei: Sobald man sich mit dem Gerät der Basisstation zu Hause mehr als 300 Meter nähert, wird aus dem GSM-Handy ein schnurloses Telefon, mit dem man über diese Basisstation im normalen Festnetz telefoniert, was natürlich wesentlich billiger ist. Bewegt man sich wieder außerhalb dieser Grenze, schaltet das Gerät automatisch auf den GSM-Standard um. Auch in Deutschland arbeiten einige Telekommunikationsanbieter bereits fieberhaft an ähnlichen Lösungen. So planen bereits die Telekom und Viag Interkom ähnliche Projekte.

4. Der Gebührenimpuls

Die Privatisierung des Telefonmarktes brachte auch Probleme: zum Beispiel bei der Abrechnung der Gebühren in Hotels, Krankenhäusern und anderen öffentlichen Gebäuden. Hintergrund der Schwierigkeiten ist die Übertragung des Gebührenimpulses. Momentan kann aus technischen Gründen nur der Impuls übertragen werden, mit dem die Deutsche Telekom Einheiten bildet und Gebühren abrechnet. Die neuen Telefongesellschaften wiederum rechnen durchaus in kürzeren (Sekunden) oder längeren Zeittakten ab, übermitteln also andere Impulse. Wer einen Gebührenzähler zu Hause stehen hat, aber über Call-by-Call und eine Kennziffer einer anderen Telefongesellschaft telefoniert, dem wird nicht der richtige Preis angezeigt. Es gibt gar keine Angabe, weil in diesem Fall auch keine Gebührenimpulse übermittelt werden.

Ärgerlich für den, der kostenbewußt telefoniert. Dringlicher als bei Privatanschlüssen wurde das Problem überall dort, wo wie in Hotels Gespräche abzurechnen waren: Hatte beispielsweise ein Gast über eine neue Gesellschaft telefoniert, mußte er gar nichts bezahlen, weil dem Gebührenzähler des Hotels kein Impuls, also kein Gespräch und keine Einheiten übertragen wurden. Den Hotels allerdings flatterten Wochen später Rechnungen der Gesellschaften ins Haus, die bezahlt werden mußten. Inzwischen ist es deshalb nicht mehr möglich, in Hotels und Pensionen andere Anbieter über Call-by-Call zu nutzen.

Der Grund, warum die telekomfremden Impulse nicht übertragen werden, liegt in der technischen Umsetzung. Sie werden durch die Vermittlungsstelle des Anrufenden generiert, allerdings erst, nachdem die Verbindung zustande kam. Das Ergebnis dieses Datenaustausches ist der Gebührenimpuls, der allerdings nur für die Tarife der Telekom gilt. Derzeit wird fieberhaft nach einer technischen Lösung für dieses Problem gesucht, die aber nur im Rahmen einer internationalen Standardisierung Sinn macht.

Im Mai 1998 gab die Regulierungsbehörde bekannt, daß eine Einigung zur Übertragung des Gebührenimpulses zwischen der Deutschen Telekom AG und den neuen Wettbewerbern erzielt wurde. Bei dem erarbeiteten Gebührenmodell, welches als Signal durch die Deutsche Telekom AG vermittelt wird und auf einer neutralen Basis erarbeitet werden soll, werden die Tarifstrukturen der Wettbewerber berücksichtigt. Die technische Umsetzung wird derzeit noch von den Wettbewerbern abgeklärt und bildet dann auch die Basis einer bereits grundsätzlich getroffenen Vereinbarung zur Kostenübernahme. Bis zum Spätherbst 1998 soll angeblich sichergestellt sein, daß auch bei Gesprächen, die vermittelt werden, Impulse weitergeleitet werden.

Fakt ist: Derzeit gibt es keinen Gebührenimpuls, wenn man einen anderen Anbieter als die Deutsche Telekom AG nutzt. Damit stimmt es leider auch nicht, was mein ISDN-Telefon bei Call-by-Call-Gesprächen als Gebühren ausweist. Dort steht im Display: »Dieser Anruf war gratis.« Schön wär´s.

5. Zugang zum Internet

Konkurrenz belebt das Geschäft: Um sich von der Deutschen Telekom abzuheben, haben einige Gesellschaften zusätzliche Dienstleistungen im Angebot: zum Beispiel den Zugang ins Internet. Normalerweise ist dazu ein sogenannter Internet-Service-Provider (ISP) nötig, der einen Server bietet, über den man sich via Modem oder ISDN-Karte und Computer ins Datennetz einwählt. Die größten und bekanntesten Anbieter in Deutschland sind T-Online, AOL und Compuserve. Daneben gibt es zahlreiche lokale Provider, die um die Gunst des potentiellen Kunden ringen. Das Problem: Für den Nutzer fallen Kosten für den Provider sowie Telefongebühren an. Die Gebühren wiederum können leicht in die Höhe schnellen, wenn der Provider keinen Einwahlknoten vor Ort oder Einwahlmöglichkeiten zum Ortstarif bereitstellt.

Einige neue Anbieter haben die Lücke erkannt: Sie bieten nicht nur Verbindungen oder Telefonanschlüsse, sondern inzwischen auch Internet-Zugänge. Ein Beispiel ist Tesion, eine Telefongesellschaft, die in Baden-Württemberg tätig ist. Sie bietet den eigenen Internet-Zugang an, für den neben Providergebühren keine weiteren Kosten – also auch keine Telefongebühren – anfallen. Der Kunde wählt sich dazu über die Tesion-eigene Netzvorwahl 0 10 23 ein. Um diesen Dienst zu nutzen, muß man nicht zwangsläufig auch Telefonkunde von Tesion sein. Die Grundgebühr beträgt 15,50 Mark und enthält lediglich zwei Freistunden im Internet. Jede weitere Stunde wird tagsüber mit acht, abends und am Wochenende mit sechs Mark abgerechnet. Reine Internet-Provider bieten – die laufenden Telefongebühren mitgerechnet – günstigere Angebote an.

Tesion ist mit diesem Angebot Vorreiter, andere Konkurrenten wie Talkline oder Viag Interkom haben einen vergleichbaren Service schon angekündigt und werden mit ähnlichen Produkten nachziehen. Das heißt: Auch für den Zugang und die Nutzung des Internets wird es in Zukunft mehr Konkurrenz geben – zum Nutzen von Kunden, die sich über sinkende Preise freuen können.

6. Die Geräte für den Komfort

Nach all dem Hin und Her um die neuen Möglichkeiten kommt nun eine erfreuliche Nachricht: Für die Nutzung der neuen Freiheiten beim Telefonieren – angefangen von Call-by-Call über Preselection und Anklopfen bis hin zur Anzeige der Telefonnummer – brauchen Sie weder einen neuen Anschluß noch ein neues Telefon.

III. Die Wahlfreiheit im Festnetz

Neben den zahlreichen technischen Dienstleistungen, die moderne Telefonnetze heute dem Menschen bieten, sind es die noch jungen Konkurrenten des ehemaligen und 1996 privatisierten Staatsunternehmens Deutsche Telekom, die für Aufmerksamkeit sorgen. Durch billigere Tarife, eigene Abrechnungsmethoden, aber auch übersichtlichere Rechnungen haben sie binnen kurzer Zeit den Telefonmarkt verändert, wenngleich der prozentuale Nutzungsanteil im Vergleich zur Telekom noch gering ist. Angesichts der vielen Wahlmöglichkeiten schütteln noch viele Telefonkunden den Kopf: Wie können sie nur die besseren Angebote nutzen? Dafür gibt's vier Möglichkeiten:

1. Durch den kompletten Wechsel zu einem neuen Anbieter.
2. Durch den Wechsel von Anruf zu Anruf (Call-by-Call) zu einem oder mehreren Anbietern.
3. Durch den teilweisen Wechsel (Preselection) zu einem Anbieter, der nur Ferngespräche übernimmt.
4. Durch die Kombination von Call-by-Call mit allen drei Verfahren.

Die auf den ersten Blick einfachste Möglichkeit ist der Wechsel zu einem Anbieter: Dann wird ein neuer Anschluß nicht mehr über die Deutsche Telekom beantragt, sondern über eine andere Gesellschaft. Vorhandene Telekom-Anschlüsse und damit die Rufnummer können bei einem Wechsel zur anderen Telefongesellschaft mitgenommen werden. Nach dem Wechsel werden alle Gespräche, egal ob Orts-,

Fern-, Auslandstelefonate oder Verbindungen zum Mobilfunk über einen neuen Anbieter geführt. Die Kündigungsfrist der Telekom beträgt sechs Werktage, so ist ein Anschlußwechsel innerhalb kurzer Zeit zu bewerkstelligen. Am besten übergibt man die Abmeldung für die Telekom gleich dem neuen Anbieter. Er koordiniert dann Ab- und Anmeldung so, daß es zu keinen Überschneidungen kommt.

Das hört sich verlockend an, ist aber zur Zeit weitgehend unmöglich. Von einigen regionalen Anbietern wie Tesion oder Netcologne abgesehen, gibt es nur wenige Telefongesellschaften, die derzeit einen »direct access« – so heißt ein vollwertiger Telefonanschluß im Fachjargon – anbieten.

Hintergrund: Die Deutsche Post hatte beinahe ein Jahrhundert lang ein Monopol auf Telefonanschlüsse. Nur sie richtete sie ein, legte dazu die Kabel vom Verteilerkasten auf der Straße hinein ins Haus. Das ist die sogenannte »letzte Meile«, um die viel gestritten wird. Während neue Gesellschaften für Telefonverbindungen schon vorhandene, privatwirtschaftlich genutzte Kabelnetze – in Strom- oder Gasleitungen oder Versorgungskabel entlang der Autobahnen und Bahnlinien – auch zum Aufbau für Telefonverbindungen nutzen können, haben sie bisher keinen Zugriff auf die »letzte Meile« und damit auf den Anschluß. Deshalb bieten nur wenige Anbieter Anschlüsse und die Möglichkeit, Ortsgespräche zu führen, an. Ein Problem, wenn Sie den Komplettanbieter wechseln, kann die Nutzung der Dienste fremder Anbieter sein, so daß beispielsweise Call-by-Call nicht funktioniert. Dies sollten Sie vor einem Wechsel auf alle Fälle abklären.

Um die Monopolstellung der Deutschen Telekom auch unter den schon vorhandenen Anschlüssen aufzulösen, wurde der »entbündelte Zugang« geschaffen. Anbieter können den Hausanschluß bei der Deutsche Telekom mieten oder kaufen. Über die Mieten oder Kaufsummen kann trefflich gestritten werden – zumal die Eigentumsfrage nicht geklärt ist: Als Staatsunternehmen hat die Post diese auch mit Steuergeldern eingerichtet, also könnte sie nach der Privatisierung durchaus als Eigentum des Bürgers gelten. Die Frage ist bisher nicht eindeutig geklärt. Nach mehreren Anträgen der Deutschen Telekom seit dem 23.12.1997 wurde bis zur endgültigen Entscheidung von der Regulierungsbehörde eine Übergangsregelung in Höhe von monatlich 20,65 Mark festgesetzt.

Sechs neue Gesellschaften haben sich trotz der ungeklärten Frage zu Vereinbarungen mit der Deutschen Telekom über den Zugang zum Endkunden durchgerungen. Der Wettbewerb um das Ortsnetz hat begonnen, auch wenn erst 20.000 bis 30.000 Telefonkunden im Ortsnetz der Telekom den Rücken gekehrt haben. Doch bisher existiert die Wahlfreiheit vor allem für die Fern- und Auslandsgespräche. Dafür gibt es zwei Möglichkeiten für den Kunden: Call-by-Call oder Preselection.

1. Call-by-Call

Obwohl nicht alle Anbieter den Wechsel ermöglichen, können ihre Angebote genutzt werden. Eine Möglichkeit ist Call-by-Call, was übersetzt werden kann mit »Anruf für Anruf«. Das trifft die Praxis gut, denn in diesem Verfahren entscheidet der Kunde vor jedem Telefonat, welche Gesellschaft er nutzen möchte. Dazu muß er für jede Gesellschaft eine eigene fünfstellige Nummer wählen. Dazu ein Beispiel:

Für ein Ferngespräch nach München wird zunächst eine 0 10 xx-Nummer der Gesellschaft gewählt, die das Gespräch abrechnen soll, danach folgt die Vorwahl »0 89« und schließlich die eigentliche Rufnummer des Teilnehmers. »0 10 70 « wäre die Netzvorwahl für Mannesmann Arcor, »0 10 50« die für Talkline.

Eigentlich relativ einfach, sieht man ab von langen Nummern, die so entstehen. Die Tücke steckt im Detail, mit Call-by-Call kann nur sparen, wer die unterschiedlichen Tarife der Anbieter kennt. Doch die sind nicht so ausgelegt, daß sie auf einen Blick zu vergleichen wären. Was bei der Wahl eines Tarifs zu beachten ist, steht im Kapitel »Im Dschungel der Tarife«.

Call-by-Call wird in drei Arten angeboten. Die einfachste und kundenfreundlichste Art ist die ohne Anmeldung. Die entsprechende Netzvorwahl gewählt – und schon wird die Verbindung von einem neuen Anbieter hergestellt und abgerechnet. Trotzdem kommt weiterhin die Rechnung von der Deutschen Telekom, die die Einzelgespräche, die über solche Gesellschaften liefen, gesondert auflistet. Folgende Anbieter bieten derzeit einen Zugang ohne Anmeldung: Mobilcom, Mannesmann Arcor, o.tel.o, TelDaFax, Talkline und Viatel. Die meisten bestehen jedoch weiterhin auf einer Registrierung. Schließlich brauchen die Gesellschaften Kundendaten, also auch Adressen, wollen auch durch übersichtlichere Rechnungen mit der Deutschen Telekom konkurrieren und müssen für die Berechnung der Telekom außerdem zahlen. Erst nach der Anmeldung werden die angegebenen Rufnummern freigegeben. Wenn man die Angebote solcher Gesellschaften nutzt, kommen eigene Rechnungen. Wer die Tarife mehrerer Anbieter nutzen will, kann deshalb leicht den Überblick verlieren, weil er am Monatsende mehrere Rechnungen zu prüfen hat.

Außerdem binden einige der Gesellschaft ihre Kunden auch für Call-by-Call an einen Vertrag. Dies wird meist nur als zusätzliche Option angeboten, setzt aber eine verlängerte Kündigungsfrist und sogar Mindestumsätze voraus. Im Gegenzug werden dafür von den Unternehmen weitere Rabatte eingeräumt. Vorsicht ist dennoch geboten: Mindestumsätze müssen immer bezahlt werden, auch wenn die Gesellschaft nicht genutzt wurde. Auch wenn die anfallenden Gebühren unter dem Mindestumsatz liegen sollten, muß dieser Betrag ganz bezahlt werden.

Der große Vorteil von Call-by-Call ist die Flexibilität. Für jeden Anruf kann der billigste Tarif und Anbieter gewählt werden, auch dann, wenn sie sich ändern. Zudem können Kunden über dieses Verfahren zwanglos und ungebunden Gesellschaften kennenlernen. Doch wer Call-by-Call wirklich ausnutzen möchte, muß sich in dieser Hinsicht stets auf dem Laufenden halten und gut auskennen. Negativ auch: die derzeitige Regelung mit den Rechnungen. Zwar vertritt die Regulierungsbehörde die Meinung, daß auf Wunsch des Kunden alle Call-by-Call-Gebühren über die Rechnung des Anschlußbetreibers abgerechnet werden sollten, doch das ist nicht die Praxis. Zwar kann ein Kunde auf dieses Recht pochen, doch Unternehmen, die noch nicht marktbeherrschend sind (also fast alle), sind nicht gezwungen, einen Kunden anzunehmen.

2. Preselection

Call-by-Call liefert gutes Sparpotential, hat aber die beschriebenen Nachteile. Die Alternative heißt Preselection, was übersetzt soviel wie

»Vorauswahl« bedeutet. Der Kunde bestimmt dazu, über welchen Anbieter er künftig seine Fern- und Auslandstelefonate oder die in Mobilfunknetzen führen möchte. Ortsgespräche ohne Vorwahl werden weiterhin über den Anschlußbetreiber geführt. Der Anschluß wird auf die Preselection eingestellt, danach wird telefoniert wie gewohnt, also ohne die Netzvorwahlen. Eine Vermittlungsstelle schaltet die Telefonate auf die Verbindungen des jeweiligen Anbieters um, von ihm kommt schließlich die Rechnung.

Auch bei Preselection können noch Call-by-Call-Angebote der Konkurrenz genutzt werden. Das ist auch angezeigt: Denn für Preselection werden alle Gespräche mit einer Vorwahl umgeschaltet. Doch nicht alle Vorwahlen weisen tatsächlich auf Ferngespräche hin. Umliegende Ortschaften einer Stadt zählen meist noch zum Ortstarif und hier bietet die Telekom günstige Angebote. Deshalb Preise vergleichen! Die Nutzung der Telekom bei voreingestelltem Preselection ist unter der Vorwahl »0 10 33« möglich. Auch für Auslandsgespräche oder Verbindungen ins Mobilfunknetz könnte über Call-by-Call eine andere Gesellschaft genutzt werden.

Bevor man sich allerdings entschließt, einem Anbieter den Zuschlag zu geben, ist es nötig, seine Telefongewohnheiten zu analysieren. Dazu sollte man mindestens die Rechnungen der letzten vier bis fünf Monate zu Rate ziehen, nur so kann man erkennen, zu welchen Tageszeiten besonders häufig telefoniert wird oder in welche Regionen die Telefonate gehen. Sinnvoll ist Preselection, wenn ein Großteil der Call-by-Call-Gespräche nur über einen einzigen Anbieter geführt wurden.

Wer sich für ein Unternehmen und Preselection entscheidet, muß einen Vertrag schließen. Danach wird der Anschluß voreingestellt. Für den technischen Aufwand fallen der Deutschen Telekom Kosten an, die sie in Form einer »Wechselgebühr« an den Kunden weitergibt. Nach mehreren Preisvorschlägen der Deutschen Telekom – sie lagen auch bei knapp 50 Mark – hat die Regulierungsbehörde nach dem Vorbild vergleichbarer Märkte folgende Gebühren festgelegt: Der Wechsel darf ab dem Jahr 2000 nur noch maximal zehn Mark (inklusive Mehrwertsteuer) kosten. Bis dahin staffeln sich die Wechselgebühren wie folgt: Bis Ende 1998 betragen sie 27 Mark, bis Ende 1999 20 Mark. Um ihren Kunden Preselection schmackhaft zu machen, werden die Wechselgebühren von den meisten Anbietern in der einen oder anderen Form erstattet.

Unübersichtlich können auch die Kosten für Preselection werden. Schließlich kommen mindestens zwei Rechnungen, eine vom Anschluß- und die andere vom Verbindungsanbieter. Nutzt man dann noch hin und wieder interessante Call-by-Call-Angebote Dritter, werden es leicht mehr.

3. Callback-Service

Über den Callback-Service, der schon seit einigen Jahren angeboten wird, lassen sich internationale Gespräche über die Netze von ausländischen Telefongesellschaften führen. Auch damit kann viel gespart werden. Callback, übersetzt heißt das »Rückruf«, ist schnell erklärt: Der Telefonkunde schließt mit einem Callback-Provider einen Vertrag ab und bekommt von ihm eine persönliche Zugangsnummer genannt. Danach wählt er vor jedem Auslandsgespräch über eine vorgegebene Telefonnummer den Vermittlungscomputer des Unternehmens an, tippt die Zugangsnummer ein und legt wieder auf. Für die Anwahl des Servers entstehen keine Kosten. Der Computer erkennt den registrierten Anwender und ruft bei diesem zurück. So wird eine billigere Leitung im Ausland freigeschaltet, die der Kunde für seine gewünschte Telefonnummer nutzen kann.

Callback nutzt die unterschiedlichen Tarifniveaus zwischen den Ländern aus. Die dadurch erzielten Ersparnisse sind so hoch, daß sie teilweise an den Kunden weitergegeben werden. Allerdings sollte jeder, der sich an einen Callback-Provider bindet, den Vertrag genau durchlesen. Mindestumsätze oder Anschlußgebühren fressen die Preisvorteile schnell auf. Es lohnt sich zu vergleichen, denn zahlreiche neue Telefongesellschaften locken mit günstigen Auslandstarifen. Oft wird Callback in Dollar abgerechnet, so daß eventuelle Kursverluste zu berücksichtigen sind.

4. Im Dschungel der Tarife

Bis auf Call-by-Call muß bei der neuen Wahlfreiheit immer ein Vertrag geschlossen werden. Ob Handy, Preselection oder ein neuer Anschluß: Vor Vertragsschluß steht die Analyse des Telefonverhaltens, ein gründlicher Vergleich möglicher Tarife und der zusätzlichen Leistungen.

Bevor Sie unterschreiben, sollten Sie auch auf das Kleingedruckte achten, im Gewirr von Mindestumsätzen, verschiedenen Gebühren und Service-Kosten hat sich schon manch einer verloren – und diese Erfahrung teuer bezahlen müssen. Worauf insbesondere zu achten ist, lesen Sie hier:

Laufzeit und Kündigungsfrist

Die Laufzeit eines Vertrages ist dann wichtig, wenn wie im Mobilfunk oder bei Preselection für die Nutzung eines Telefondienstes eine monatliche Pauschale verlangt wird. Sie sollte – für einen Kostenvergleich ähnlicher Angebote – in Bezug zur Laufzeit summiert werden. Die Mindestlaufzeit legt fest, wie lange ein Vertragsverhältnis auf jeden Fall besteht. In dieser Zeit ist es nur unter hohem Aufwand zu lösen. Danach verlängert sich der Vertrag automatisch.

Für die Kündigung sind die dazugehörenden Fristen wichtig. Sie variieren allerdings stark. So genügen der Deutschen Telekom als Kündigungsfrist für einen Anschluß sechs Werktage, während einige Preselection-Verträge Fristen von bis zu 30 Tagen zum Ende eines Monats enthalten. Im ungünstigsten Fall bleibt der Kunde zwei Monate lang gebunden und muß für Leistungen bezahlen, die er eigentlich nicht mehr will.

Welche Kosten fallen an?

Der zweite wichtige Punkt, weil er direkt mit dem Geldbeutel zu tun hat, sind die anfallenden Kosten für Telefondienste. Von Interesse sind nicht nur die Gesprächsgebühren. Wie kreativ die Unternehmen sind, wenn es um Geld geht, zeigt allein diese Auflistung: Einrichtungsgebühr, Grundgebühr, Mindestumsatz, Verbindungszuschläge und Deaktivierungsgebühr sind nur einige Beispiele für Kostenpunkte, die es zu beachten und zu vergleichen gilt.

Die Einrichtungs- oder Anschlußgebühr wird fällig, wenn ein neuer Telefonanschluß beantragt wird oder andere Dienste zum ersten Mal in Anspruch genommen werden und technischer Voraussetzungen bedürfen. Für einen Mobilfunkanschluß werden beispielsweise bis zu

50 Mark verlangt. Ebenfalls zu den Einrichtungsgebühren zählt der oben Wechselgebühr genannte Betrag, der für die technische Einstellung von Preselection von der Deutschen Telekom verlangt, meist aber von den Anbietern zurückgezahlt wird. Das allerdings sollte im Vertrag der neuen Gesellschaft festgeschrieben sein.

Die Grundgebühr wurde bereits in bezug auf die Laufzeit angesprochen. Sie ist eine Pauschale, die monatlich zu entrichten ist, egal ob telefoniert wurde oder nicht. Typische Beispiele sind die Grundgebühr der Telekom für einen Telefonanschluß oder die Grundgebühr für den Mobilfunk. Zu ihnen addieren sich die Kosten für Gespräche, deren Höhe sich verändert.

Grundgebühren sind nicht zu vergleichen mit dem Mindestumsatz: Dieser setzt eine bestimmte Mindestgrenze für die Gesprächskosten fest. Wird weniger oder gar nicht telefoniert, muß der Mindestumsatz vollständig bezahlt werden, fallen mehr Kosten an, dann geht er in diesen auf.

Einige Telefongesellschaften verlangen zudem Verbindungszuschläge. Sie werden einmalig fällig, wenn ein Gespräch zustande kommt. So verlangt o.tel.o für Call-by-Call-Gespräche eine Verbindungspauschale von sechs Pfennig pro Telefonat. Das verteuert die Gespräche über die angegebenen Gebühren, was sich vor allem bei kurzen Telefonaten auswirkt. Zudem werden durch solche Zuschläge die wirklichen Kosten verschleiert.

Vor allem im Mobilfunk kann es notwendig werden, mit den Vertragsbedingungen die geltenden Tarife zu verändern. Auch dafür wird Geld verlangt. Dabei hat es sich bewährt, mit den Anbietern zu handeln. Denn bevor ein Kunde kündigt, wird sie lieber erlassen. Nicht zuletzt verlangen einige Gesellschaften Gebühren, wenn ein Anschluß gekündigt oder – im Mobilfunk – deaktiviert wird. Über diese Kosten wird jedoch gestritten: Denn im Grunde bezahlt der Kunde damit für nichts oder besser für eine Leistung, die nicht ihm selbst zu gute kommt.

Die Berechnung der Telefonkosten

Entscheidenden Einfluß auf die Höhe der Telefonrechnung hat auch die Art und Weise, wie Gesprächskosten berechnet werden. Die für alle Beteiligten fairste Art der Abrechnung ist sekundengenau, weil hier nur die tatsächliche Gesprächszeit bezahlt wird. Anders hingegen die Abrechnung nach Takten, die sich immer zum Nachteil des Kunden auswirkt.

Denn es ist unmöglich nachzuvollziehen, wann ein Takt anfängt oder endet. Dementsprechend kann keiner genau nach Takt auflegen. Das heißt: Die Telefongesellschaft rechnet mehr Gesprächszeit ab als wirklich telefoniert wurde. Das mag penibel klingen, summiert sich aber bei Hunderten von Einheiten schnell auf. Es gilt: Je länger ein Takt ist, um so größer der Verlust und um so unfreundlicher die Berechnung.

Kautionen und Rabatte

Telefonanbieter bringen ihre Leistung im voraus und rechnen erst danach ab. Deshalb verschaffen sie sich oft mit Hilfe von einer Kaution Sicherheit für den Fall, daß ein Kunde nicht bezahlt. Vor allem im Mobilfunkbereich werden solche Kautionen verlangt, sie sollten aber »angemessen« sein. Mehr dazu im Kapitel »Die Rechte von Kunden«.

5. Neue Servicenummern

Veränderungen gibt es bei den Servicenummern: Im Zusammenhang mit den Netzvorwahlen der Telekom-Konkurrenz, die wie einige Service-Nummern mit der Ziffernfolge »01« beginnen, werden wir uns an neue Nummern gewöhnen müssen – und Möglichkeiten nutzen können, die in diesem Bereich geschaffen wurden.

Wunschnummern: »07 00«
Bei Telefonnummern, die mit der Vorwahl 07 00 beginnen, handelt es sich um persönliche (Wunsch)-Nummern, die man, einmal beantragt, jederzeit und überall und so lange, wie man will, verwenden kann.

Die Vorwahl des Wohnorts spielt keine Rolle, auch nach Umzügen bleibt die Nummer gleich. Das vereinfacht vieles, vor allem nach Wohnungs- oder Standortwechseln. Momentan sind solche Nummern noch nicht zu nutzen, doch Interessenten können sich eine Nummer reservieren lassen und dabei sogar Präferenzen wie das Geburtsdatum oder andere einprägsame Ziffernfolgen anmelden. Seit 1997 nimmt die Mainzer Außenstelle der Regulierungsbehörde für Telekommunikation und Post (Adresse siehe im Anhang) solche Anträge an.

So faszinierend, wie sich dieses Angebot anhört, ist es aber nicht. Die Registrierung kostet 150 Mark. Nicht gesichert ist allerdings, wann die Gesellschaften diese Nummern freischalten. Bezahlt wird also nur für eine Nummer und einen Dienst, von dem alle weiteren Kosten und Voraussetzungen unbekannt sind.

Servicenummern

Bisher konnte man die verschiedenen Servicetelefonnummern an der Ziffernfolge »01« erkennen. Unter »01 30« gab es beispielsweise kostenlosen Rat, unter der Vorwahl »01 80« wurden die anzurufenden Tips teurer, weil der Anruf höhere Gebühren kostete. Richtig teuer wurden die Dienste mit der Vorwahl »01 90«. Da die Netzkennzahlen der neuen Telefonanbieter ebenfalls mit »01« beginnen, wurden die Servicenummern geändert und gleichzeitig an die internationalen Standards angepaßt. Noch befinden wir uns in einer Übergangsphase, so gelten z. B. die »01 30«-Nummern bis zum 31.12.2000. Neue Servicenummern, die für den Anrufer kostenlos zu wählen sind, beginnen inzwischen schon mit der Vorwahl »08 00«. Alle Servicenummern und die Kosten, die sie verursachen, sind in der folgenden Tabelle aufgelistet:

Nummer	Kosten
01 30	Für den Anrufenden kostenfrei, der Besitzer trägt alle Gebühren.
08 00	Diese Nummer löst die Vorwahl »01 30« ab, Telefonate sind für den Anrufer kostenlos.
01 80	Ein Anruf unter dieser Vorwahl kostet mehr. Wie hoch die Gebühren sind, ist aus der folgenden Ziffer abzulesen.
01 80 –1	Diese Vorwahl wird vorbereitet. Anrufe kosten soviel wie ein Ortsgespräch.
01 80 –2	Der Anruf kostet zwölf Pfennig pro Minute.
01 80 –3	Der Anruf kostet 24 Pfennig pro Minute.
01 80 –4	Auch diese Vorwahlen sind erst geplant, was Anrufe kosten werden, steht noch nicht fest.

Nummer	Kosten
01 80 –5	Der Anruf kostet 48 Pfennig pro Minute.
01 90	Unter diesen Vorwahlen sind Dienstleistungen abzurufen: Etwa Faxe mit Adressen, auch Rechtsrat oder aber Vergnügungen wie Telefonsex oder die Stimmen von Prominenten. Das muß der Kunde bezahlen. Bis zu 3,63 Mark pro Minute können die Gespräche kosten. Auch hier gibt die Ziffer nach der 01 90 Aufschluß über die Kosten. Auf Dauer werden die 01 90-Nummern auf die Vorwahl »09 00« umgestellt werden.
01 90 –1	Das Gespräch kostet zwölf Pfennig je angefangene
01 90 –2	sechs Sekunden (= 1,20 Mark pro Minute).
01 90 –3	
01 90 –5	
01 90 –4	Zwölf Pfennig je angefangene neun Sekunden
01 90 –6	(= 0,80 Mark pro Minute).
01 90 –7	Zwölf Pfennig je angefangene drei Sekunden
01 90 –9	(= 2,40 Mark pro Minute).
01 90 –8	Zwölf Pfennig je angefangene zwei Sekunden (= 3,60 DM pro Minute).
01 3 7 0	Diese Vorwahlen werden für Televotumsdienste
01 37 3 bis	(TED) verwendet. Pro Anruf werden einmalig 24
01 37 9	Pfennig berechnet, danach pro 20-Sekunden-Takt zwölf Pfennig.
01 38	Dies ist die Nummer des Teledialog-Systems. Die Kosten berechnen sich wie bei den Nummern des Televotumsdienstes.

Nummer	*Kosten*
09 00	Die »09 00« wird auf Dauer die »01 90« ablösen. Wie teuer ein Anruf sein wird, ist dann nicht mehr an der folgenden Zahl zu erkennen. Statt dessen gibt diese Zahl Hinweise auf den Inhalt dieses Dienstes. So steht die »09 00 –0« für wirtschaftliche Angebote, die »09 00 –1« für Informationen vielfältigster Art und die »09 00 –5« für Kommunikations- und Kontaktbörsen. Die Kosten für ein Telefongespräch werden in Zukunft durch eine kostenlose Ansage zu Beginn eines Gespräches geklärt werden.

Nummer oder Namen?

In den USA sind die sogenannten »Vanity-Nummern« (»vanity« engl. für Eitelkeit) seit Jahren in Gebrauch und ungeheuer beliebt. Bei uns werden diese Nummern nicht mehr lange auf sich warten lassen. Das Prinzip ist einfach: Statt sich sieben- bis neunstellige Nummern zu merken, werden Buchstabenkombinationen eingetippt. Das kann ein Firmen- oder ein Produktname sein. Basis der Vanity-Nummern sind die Buchstaben, die den Ziffern-Tasten auf Tastentelefonen zugewiesen wurden (s.u.). Auf den öffentlichen Fernsprechern in Amerika sind die Buchstaben wie auf neueren Telefonen schon aufgedruckt. Die Einteilung sieht so aus:

Buchstaben	*Zahl*
A, B, C	2
D, E, F	3

G, H, I	4
J, K, L	5
M, N, O	6
P, Q, R, S	7
T, U, V	8
W, X, Y, Z	9

Ein Beispiel: Ein Pizzaservice könnte sich die Nummer »Toppizza« reservieren lassen, die in Zahl so aussieht: 86774992. Da läßt sich Toppizza leichter merken. Ähnliche prägnante Namen – und Nummern – könnten sich Taxiunternehmen, Kartenvorverkaufsstellen oder andere Dienstleister geben. Aber das ist Zukunftsmusik.

Servicenummern zu wählen, das kostet Geld. Auch Auslandsvorwahlen »00« sind der Anfang zu teuren Gesprächen. Deshalb kann die Wahl der Vorwahl »00 xx« oder die Ziffernfolge »01 90« wie andere Kombinationen für einen Anschluß gesperrt werden. Auch für diese Sperre, die vor allem in Firmen oder Familien Sinn macht, wird Geld verlangt. Angesichts dessen, was durch diese Sperre gespart werden kann, aber sicher eine sinnvolle Investition.

Telefonauskunft

Seit 1997 hat die Deutsche Telekom auch kein Monopol mehr auf den Auskunftsservice, und so ist es auch nicht weiter verwunderlich, daß mittlerweile über 20 Unternehmen eine entsprechende Lizenz beantragt haben. Die Konkurrenz ist noch klein, die Liberalisierung hat vor allem inhaltlich und finanziell gewirkt: Weil im bevorstehenden Wettbewerb alle Unternehmen – und auch der ehemalige Monopolist

– kostendeckend oder besser noch mit Gewinn arbeiten sollen und die Auskunft bisher ein Subventionsgeschäft war, mußten die Preise deutlich erhöht werden. Inzwischen wird auch bei der Deutschen Telekom nach Zeit abgerechnet, je länger eine Auskunft dauert, um so teurer wird der Service. Schon kurze Gespräche schlagen mit knapp einer Mark zu Buche.

Wer die Auskunft der Deutschen Telekom anwählt, wird immer deren Tarife bezahlen, unabhängig ob er sich über die Netzvorwahl einer anderen Gesellschaft eingewählt hat. Dasselbe gilt auch für die anderen beiden Auskunftsdienste, die ebenfalls festgesetzte Tarife kosten.

Neu ist auch, daß über die Rufnummer hinaus heute auch die Anschrift und, sofern vorhanden, der Beruf bekannt gegeben werden. Um die Chancengleichheit zu wahren, änderten sich auch die Nummern der Auskunft. Sie wurden per Los zugeteilt, was dazu führte, daß die Deutsche Telekom im Anschluß an das Losverfahren viel Werbung für ihre neue Nummer machen mußte.

IV. Alles mobil ...

Auch wenn derzeit die Telefonfreiheit im Festnetz in aller Munde ist, sind es doch eigentlich die Möglichkeiten im Mobilfunk, die unser Kommunikationsverhalten entscheidend verändert haben. Das Telefon im Auto und noch viel mehr das Handy in der Jackentasche gehören seit wenigen Jahren zum Alltag, und oft kann das eine oder andere Gespräch günstiger über ein Handy als über das Festnetz geführt werden. Wer die Freiheiten des Mobilfunks nutzen will, sollte die Unterschiede zwischen den Netzen kennen und sich laufend über die Tarife informieren oder über die Geräte Bescheid wissen. Sonst sind Enttäuschungen und teure Erfahrungen vorprogrammiert.

1. Die Netze

Für den Mobilfunk stehen das analoge C-Netz sowie die digitalen D-Netze der Deutschen Telekom und von Mannesmann sowie das ebenfalls digitale E-Netz zur Verfügung. Zum Herbst 1998 will das Unternehmenskonsortium Viag Interkom einen eigenen Mobilfunk im E-Netz starten. Die alphabetische Kennzeichnung der Netze ist ein deutsches Spezifikum. Im Ausland werden die Netze nach den unterschiedlichen Standards des Global Mobilfunk System (Global System for Mobilephone – GSM) unterschieden. So arbeitet das D-Netz mit dem GSM-900 und das E-Netz mit dem GSM-1800 Standard.

Das führt zu spezifischen Vor- und Nachteilen, die kurz umrissen werden.

Das C-Netz

Wer selbst in den abgelegensten Ecken des Bayerischen Waldes erreichbar sein muß, kann das C-Netz nutzen, das bereits 1985 eingeführt wurde und nicht zuletzt in ganz Deutschland funktioniert. Von Vorteil sind die niedrigen Gebühren und Verbindungskosten, die für das analoge Netz erhoben werden. Allerdings: Abgesehen von der nicht immer ganz überzeugenden Qualität – ein gewisses Hintergrundrauschen gehört dazu – ist der größte Nachteil des C-Netzes, daß darin keine Auslandsverbindungen möglich sind. Zudem ist es nur bedingt abhörsicher. Auch der Austausch von kurzen Textmeldungen von Handy zu Handy (Short Message Service) ist in diesem Netz nicht möglich. Das vergleichsweise alte C-Netz wird heute vorwiegend für Autotelefone benutzt, bekommt hier aber immer größere Konkurrenz von den Handys. Dennoch gilt das C-Netz als Geheimtip für ländliche Regionen.

Die D-Netze

Die hohe Beliebtheit der beiden D-Netze D1 (Telekom) und D2 (Mannesmann Mobil) ist schnell erklärt: Sie sind inzwischen flächendeckend ausgebaut, bieten eine ansprechende Übertragungsqualität und eine hohe Abhörsicherheit. Zudem arbeiten zahlreiche Netze im Ausland ebenfalls mit dem GSM 900-Standard, so daß D-Netz-Kunden auf Reisen erreichbar bleiben. Potentielle Interessenten können zwischen zwei Netzbetreibern und vielen Providern in diesem Standard wählen.

Das E-Netz

Angesichts dieser starken Konkurrenz erstaunt der Erfolg von E-Plus, jenem Netz, das drei Jahre später als die D-Netze etabliert wurde. Dafür gibt es mehrere Gründe: Von Anfang an bot E-Plus eine Wunschtelefonnummer sowie eine kostenlos abrufbare Mailbox, der Anrufbeantworter eines Handys. Andererseits hatte E-Plus schnell ein funktionierendes Netz in Ballungszentren aufgebaut, das vor allem wegen seiner Qualität bei der Sprachübertragung geschätzt wird. Da der Mobilfunk anfangs in großen Städten besonders stark genutzt wurde, war es nebensächlich, daß der Ausbau des flachen Landes auf sich warten ließ. Mittlerweile hat E-Plus eine vernünftige Netzdeckung in ganz Deutschland erreicht. Problematischer ist hingegen der wenig verbreitete GSM-1800-Standard, mit dem die Geräte arbeiten. Dieser wird im Ausland kaum unterstützt, so daß die meisten E-Netz-Handys fern der Heimat stumm blieben. Inzwischen schließen Dual- oder Mehr-Band-Handys diese Lücken. Diese Geräte unterstützen beide GSM-Standards, so daß sich der Kunde mit einem derartigen Gerät im Ausland in ein vorhandenes GSM-900-Netz einwählen kann.

Noch gibt es in Deutschland nur einen Netzbetreiber, E-Plus, im E-Netz. Das Unternehmenskonsortium Viag Interkom hat E2 als Konkurrenz angekündigt und will im Herbst starten. Wie gehabt werden im E2-Netz vor allem die Ballungszentren versorgt, bevor das Netz auch auf dem Land erreicht werden kann. Über einen speziellen Vertrag, den die Viag Interkom jedoch mit der Telefongesellschaft Swisscom geschlossen hat, sollen die Kunden bereits mit Netzstart überall in Deutschland und im Ausland erreichbar sein. Hier heißt es abwarten. Ein zweites interessantes Modell hat Viag schon im Vorfeld des

Netz-Startes angekündigt. In einer sogenannten »Homezone«, vergleichbar einem Ortstarif und einer definierten Zone um den Wohnort des Kunden, soll es billiger sein, über Handy zu telefonieren als im normalen Netz. Die anderen Netzbetreiber haben diese Pläne aufgegriffen. Seit Sommer 1998 bietet die Deutsche Telekom Ortstarife für ihre Mobilfunknetze an, eine Offerte, die die Konkurrenz sofort mit vergleichbaren Tarifen konterte.

2. Die Tarife im Mobilfunk

Mit der Wahl eines Netzes ist es noch lange nicht getan. Auch die Angebote der Gesellschaften und die Tarife müssen mit Bedacht ausgewählt werden. Zwar existieren nur drei Netzbetreiber, doch derzeit gelten über 200 verschiedene Tarife. Das liegt an den Providern. Diese treten als Zwischenhändler auf, sie kaufen bei den Netzbetreibern Verbindungskapazitäten ein und verkaufen diese mit veränderten Bedingungen weiter. Vergleichbar den Großkunden oder Großabnehmern eines Unternehmens werden Providern Rabatte eingeräumt, die sie ihren Kunden in Form von billigeren Tarifen oder besonderen Angeboten weitergeben können. Das kommt zwar dem Kunden zugute; doch die Vielzahl von Providern hat einen unübersichtlichen Tarifdschungel wachsen lassen, und auch die Vertragsbedingungen unterscheiden sich. Darauf müssen Sie achten:

Aktivierungsgebühr
Nur einige Verträge enthalten diesen Kostenpunkt, der die Zusatzkosten erhöht und einmalig zur Einrichtung eines Mobilfunk-Accounts

verlangt wird. Die Aktivierungsgebühr ist zudem unterschiedlich hoch angesetzt.

Vertragsdauer und Grundgebühr

Die meisten Verträge, die angeboten werden, setzen eine Laufzeit von zwölf oder 24 Monaten voraus. In dieser Zeit ist eine Kündigung nur mit hohem Aufwand möglich, und es muß die monatliche Grundgebühr bezahlt werden. Die Höhe dieser Pauschale variiert, es gilt: Je billiger die Grundgebühr ist, um so teurer sind die Gesprächskosten und umgekehrt. Allerdings: Auch nachts, am Wochenende oder abends werden wie im Festnetz auch im Mobilfunk die Gesprächskosten in der Regel billiger. Hintergrund der Koppelung von Grundgebühr und Gesprächskosten: Die Mobilfunknetze sollten möglichst gut ausgelastet sein. Der Unterschied zwischen Neben- und Haupttelefonzeiten wird deshalb durch unterschiedliche Tarifstrukturen unterstützt: Profitarife wenden sich an Menschen, die oft und viel tagsüber telefonieren müssen. Die hohen Gesprächskosten werden hier durch niedrige Minutenpreise, aber auch durch zusätzliche Services abgefedert. Mit den Fun- und Family-Tarifen, die günstige Gesprächsgebühren in den Nebenzeiten bieten, sollen Menschen angesprochen werden, die vorwiegend in ihrer Freizeit ein Handy benutzen.

Mindestumsatz

Wer wenig telefonieren will, sollte vorsichtig sein bei Tarifen mit einer niedrigen Grundgebühr und auffallend niedrigen Gesprächsgebühren: In solchen Verträgen findet sich meist eine Mindestumsatz-Klausel. Der dort genannte Betrag muß auf jeden Fall bezahlt werden – auch wenn kaum oder gar nicht telefoniert wurde.

Gesprächsgebühren

Telefonanbieter unterscheiden zwischen Haupt- und Nebenzeiten. Tagsüber, wenn viele telefonieren, die Nachfrage also groß ist, steigen die Preise; abends und nachts, wenn auch der Mobilfunk seltener genutzt wird, sinken sie wieder.

Wer einen Mobilfunk-Vertrag abschließt, sollte auch ein Auge darauf haben, wann die jeweilige Gesellschaft ihre Haupt- und Nebenzeiten terminiert. Tatsächlich gibt es hier ebenfalls einige Unterschiede. Beginnt die Hauptzeit früh, kann dies das Telefonieren natürlich auch verteuern.

Taktdauer

Wichtig ist außerdem, nach welchen Intervallen die Gesprächsgebühren erhoben werden. Zahlreiche Gesellschaften berechnen für jeden Anruf eine Minute. Infolgedessen verschenkt ein Teilnehmer, der nur wenige Sekunden telefoniert, Gesprächszeit und Geld. Bei vielen kurzen Anrufen addieren sich Pfennigbeträge zu einem ansehnlichen Sümmchen. Deshalb sollten Mobilfunk-Interessenten auf einen sekundengenauen Takt achten.

Wechselgebühr

Wer Änderungen in seinem Vertrag vornehmen will – etwa von einem Profi- auf einen Freizeittarif umsteigen will – muß oft eine Wechselgebühr bezahlen.

Zusatzkosten

Schließlich bietet jede Gesellschaft und jeder Provider nicht nur Telefondienste an. Zusätzliche Services sind eine Mailbox, die Möglichkeit, kurze Nachrichten von Handy zu Handy zu verschicken oder der Einzelverbindungsnachweis. Verbraucher sollten bei diesen Diensten auf die Kosten achten – manche Gesellschaft bietet gratis, was eine andere sich bezahlen läßt.

Das subventionierte Handy

Einige Mobilfunk-Verträge beinhalten auch einen Zuschuß zum Handy. Der Betrag liegt meistens bei rund 300 Mark und wird nur in Zweijahres-Verträgen geboten. Vor allem Interessenten, die vorhaben, nur selten das Handy zu nutzen, sollten Laufzeit, Subventionsgebühr und Gesprächszeiten sorgfältig miteinander vergleichen. Oft rentiert sich ein Zweijahresvertrag, der eine Handysubvention mit einschließt, eher als ein Vertrag mit kürzerer Laufzeit, niedrigen Gebühren, aber ohne diesen Betrag.

Das Modell, das von der Gesellschaft bezuschußt wird, wird ebenfalls im Vertrag bestimmt. Mit Angeboten wie »Handy für eine Mark« werden ältere Modelle verramscht. Deshalb ist vor Vertragsschluß auch darauf zu achten, welches Handymodell subventioniert wird. Ältere Geräte bieten nur kurze Standby-Zeiten, ihre Akkus müssen also nach kurzer Zeit wieder aufgeladen werden. Außerdem lassen sie sich oft genug noch nicht an einen Computer oder ein Notebook anschließen, um als Modemersatz Daten zu übertragen. Für alte Modelle gibt es überdies kaum Zubehör.

Deaktivierungsgebühr

Umstritten ist der Kostenpunkt, den einige Gesellschaften verlangen, wenn ein Vertrag nach der festgelegten Laufzeit gekündigt wird. Denn für die Deaktivierungsgebühr erhält der Kunde keinerlei Leistungen.

Generelle Empfehlungen für die Suche nach dem richtigen Mobilfunk-Vertrag sind aufgrund dieser Kriterien nicht möglich. Was dem einen wichtig ist, darauf kann der andere leicht verzichten. Zudem werden ständig neue Tarife geboten oder schon bekannte geändert. Vergleichsweise jung sind Ortstarife oder die verbilligten Gebühren in festgelegten Regionen oder Zonen. Trotzdem lassen sich folgende Regeln für die Vertragswahl formulieren:

■ Wer nur erreichbar sein möchte und wenig telefoniert, sollte zu einem Tarif mit einer geringen monatlichen Grundgebühr greifen.

■ Für Menschen, die viel mit dem Handy telefonieren und dies meist tagsüber tun, bieten Profitarife die besten Bedingungen.

■ Wer hingegen hauptsächlich in den Abendstunden oder am Wochenende telefoniert, findet unter den Freizeit- oder Fun-Tarifen Angebote.

■ Wer per Handy nur erreichbar sein will und äußerst selten telefoniert, kann zwischenzeitlich auch Prepaid-Karten nutzen. Sie sind ohne Vertrag und Grundgebühren zu bekommen. Die Gesprächskosten werden im voraus bezahlt. Ein Zuschuß zum Handy ist nicht vorgesehen.

Wer sich ein Handy anschaffen will und deshalb einen Vertrag sucht, sollte seine Telefongewohnheiten kennen. Prepaid-Karten könnten eine Möglichkeit zum Testen sein, dafür muß allerdings ein Gerät gekauft werden. Neue Handys kosten über 400 Mark, gebrauchte sind billiger zu bekommen.

3. Satellitentelefonie

Jederzeit und überall auf der Welt erreichbar zu sein, ist das Ideal des Mobilfunks. Doch davon sind wir noch weit entfernt. Abgesehen von den Funklöchern, die es noch immer in Deutschland gibt und in denen mobil Telefonieren nicht möglich ist, ist auch die Kommunikation innerhalb Europas nicht immer gewährleistet. Vor allem die osteuropäischen Staaten sind unterversorgt mit Funknetzen, ebenso wie Staaten in Asien, Afrika und Südamerika. Insgesamt fehlt in über 93 Prozent der Erde die nötige Infrastruktur für Mobilfunk. Da hilft es wenig, daß ein D2-Teilnehmer heute schon in über 50 Länder der Erde über das sogenannte Roaming – das Einbuchen in fremde Netze – telefonieren kann. Zudem arbeiten wichtige Länder wie beispielsweise die USA oder Japan mit anderen GSM-Standards. Hier bleiben deshalb die D- und E-Netz-Geräte stumm. Kurz gesagt: Derzeit besteht die Kommunikation im Bereich Mobilfunk zum größten Teil aus Insellösungen mit begrenzter Reichweite.

Das soll sich ändern: Nach dem Willen von Iridium, einer Telefongesellschaft, die für den Mobilfunk Satelliten nutzt, sollen Handynutzer ab September 1998 unter der neuen internationalen Vorwahl »00 88 16« überall erreichbar sein, egal ob auf dem Atlantik, in der Sahara oder im afrikanischen Dschungel. Voraussetzung dazu sind 66 Satelliten, die in 780 Kilometer Höhe und in einer Geschwindigkeit von 30.000 Stundenkilometern die Erde umkreisen. Neben diesem Satellitennetz müssen außerdem eigene Geräte eingesetzt werden. Die Entwicklung geht schon längere Zeit in Richtung Dual- oder Mehr-Band-Handys, die unterschiedliche GSM-Standards wie neuerdings auch den Satelliten-Standard unterstützen. Derzeit bieten nur zwei

Firmen entsprechende Geräte: Motorola und Kyocera. Die Preise sollen bei rund 3.000 US-Dollar (das entspricht etwa 5.100 Mark) pro Gerät liegen.

Praktisch heißt das: Innerhalb von Deutschland telefonieren die Teilnehmer im D- oder E-Netz. Im Ausland buchen sie sich wie gewohnt in andere Netze ein. Und überall dort, wo es keine reguläre Mobilfunkverbindung gibt, schalten sie per Knopfdruck auf das Iridium-Netz um. Umgekehrt bleibt jeder auch im Ausland unter seiner gewohnten Nummer erreichbar, dann allerdings nicht mehr unter der Vorwahl von D- oder E-Netz, sondern unter der von Iridium. Die anfallenden Gebühren werden von den jeweiligen Netzbetreibern abgerechnet. Das Telefonieren über Satellit wird sicher nicht billig sein: Aus entlegenen Regionen der Erde wird die Gesprächsminute nach Schätzungen von Fachleuten zwischen drei und sechs US-Dollar kosten, also zwischen fünf und zwölf Mark liegen. Die Gebühren für Gespräche aus gut erschlossenen Gegenden werden auf einen US-Dollar oder knapp zwei Mark geschätzt.

Neben der Möglichkeit, über Dual-Band-Handys und Roaming-Abkommen, etwa von E-Plus oder D2, über Satellit zu telefonieren, kann sich jeder auch direkt bei Iridium anmelden. Dies wäre jenen zu empfehlen, die sich oft in Gebieten ohne ausreichende Netzdeckung aufhalten. In naher Zukunft rechnet Iridium mit 42 Millionen Kunden weltweit.

Der Aufbau und der Unterhalt einer Satelliten-Mobilfunk-Telefongesellschaft ist nicht billig. Was wiederum die Gesellschaft Iridium interessant macht: 1987 von Technikern der Motorola Satellite Communications Devision in den USA gegründet, ist Iridium LLC ein internationales Konsortium von Telekommunikations-Gesellschaften und anderen Unternehmen. Die Iridium Communications Deutschland GmbH hat ihren Sitz in Düsseldorf und vertritt die Mutter in 21 Ländern Europas sowie in Israel. Sie ist zugleich eine Tochter der Telefongesellschaft o.tel.o, einem Joint Venture der Konzerne Veba und RWE. Diese wiederum sind mit rund neun Prozent drittgrößter Investor an der Iridium LLC beteiligt.

Trotz der enormen finanziellen Aufwendungen für ein derartiges Projekt steht die Konkurrenz schon in den Startlöchern: Ähnliche Projekte sind bei Globalstar und bei ICO Global Communications in Planung. Auch im All belebt die Konkurrenz das Geschäft.

V. Die Rechte von Kunden

Mit der Liberalisierung des Festnetzes wurde auch die Stellung des Kunden überdacht und geregelt. So sollten Rechtssicherheit geschaffen und eine gewisse Mindestversorgung aller Haushalte gewährleistet werden. Als Ergebnis liegen heute das Telekommunikationsgesetz sowie unterschiedliche Verordnungen, etwa zum Kunden- oder Datenschutz vor.

Von besonderem Interesse der Verbraucher ist die Kundenschutzverordnung, die für alle Anbieter gilt und von ihnen eingehalten werden muß. Die Neuerungen wirken sich auch auf bestehende Vertragsverhältnisse aus, und schließlich beziehen sie sich nicht nur auf Telefon und Mobilfunk, sondern auch auf die Nutzung elektronischer Telekommunikationsmedien wie Internet oder Email.

1. Der Anschluß

Es ist von Bedeutung für eine Gesellschaft, daß möglichst viele Mitglieder mit Telekommunikations-Diensten versorgt werden. Deshalb sind alle »marktbeherrschenden Unternehmen« dazu verpflichtet, flächendeckend Netze und Verbindungen zu erschwinglichen Preisen bereitzustellen.

Marktbeherrschend in Deutschland wird auch in nächster Zukunft nur die Deutsche Telekom AG sein. Sie darf keine Kunden abweisen. Ge-

genüber Anbietern, die nicht marktbeherrschend sind, können auch keine Ansprüche auf einen Telefon- oder Netzanschluß geltend gemacht werden.

Zur Grundversorgung gehören ein Telefonanschluß mit Merkmalen des digitalen Netzes, Telefonbücher, Telefonzellen und Auskunftsdienste. Wie viele Telefonzellen die Mindestversorgung sichern werden, darüber wird sicher noch oft gestritten werden. Denn das »Ausreichend« ist nicht genau definiert.

2. Die Rufnummer

Nicht nur für Firmen, denen ein Wechsel der Telefonnummer schaden kann, sondern auch für Privatpersonen ist es wichtig, die Rufnummer auch nach einem Wechsel des Anbieters zu behalten. In dieser Frage wurde lange gestritten – vor allem ums Geld: Die Deutsche Telekom brachte Anfang 1998 zweifelhafte und sehr hohe Gebühren ins Gespräch, die fällig werden sollten, wenn ein Kunde mit seiner Nummer zu einem anderen Anbieter wechseln wollte. Im April schuf die Regulierungsbehörde Sicherheit. Sie bekräftigte: Der Kunde hat ein Recht auf seine Telefonnummer, und es darf kein Entgelt dafür verrechnet werden, daß er den Anbieter wechselt. Schließlich ändert sich, wenn ein Haus den Besitzer des Hauses wechselt, auch dessen Adresse nicht. Zudem hat der Kunde mit der Gebühr, die ihm bei der Einrichtung eines Anschlusses – das kostet derzeit 100 Mark – für seine Nummer schon bezahlt. Voraussetzung für den Anschluß ist allerdings, daß die Rechnung bezahlt wird, mehr dazu finden Sie unter »Die Kaution«.

3. Der Einzelverbindungsnachweis

Jede Telefongesellschaft, die Anschlüsse anbietet, ist verpflichtet, dem Kunden auf Wunsch kostenlos eine nach Einzelverbindungen aufgeschlüsselte Rechnung zu erstellen. Dabei kann der Kunde wählen, ob die angerufenen Nummern vollständig oder um die letzten drei Ziffern gekürzt aufgelistet werden. Dieser Einzelverbindungsnachweis wird vor dem Berechnungszeitraum beantragt, alle Mitbenutzer eines Anschlusses müssen aus datenschutzrechtlichen Gründen einverstanden sein. Um genau abzurechnen und bei Unstimmigkeiten den Nachweis über Verbindungen zu führen, speichern Telefongesellschaften diese Daten. Der Einzelverbindungsnachweis muß alle Angaben beinhalten, die der Kunde benötigt, um seine Telefonrechnung zu überprüfen. Dazu gehören neben der Nummer das Datum eines Telefonats, die Tageszeit sowie die Dauer. Ob die Gesprächsgebühren ebenfalls ausgewiesen werden sollen, darum wurde gestritten. Und wie so oft ging es auch dabei ums Geld: Sollten die Hinweise kostenlos gegeben oder konnte dafür zusätzliches Geld verlangt werden? Für den Kunden ist es natürlich einfacher, die Rechnung anhand der Einzelgebühren nachzuvollziehen. Doch daß sie dafür auch noch zusätzlich bezahlen sollten, leuchtete vor allem Verbraucherschützern nicht ein. Sie beschwerten sich bei der Regulierungsbehörde. Diese interpretierte die Kundenverordnung so: Die Gebühren müssen im Einzelverbindungsnachweis kostenlos ausgewiesen werden, um dem Kunden eine Kontrolle der Forderungen zu ermöglichen. Ferner müssen folgende Informationen abzulesen sein: Anschlußnummer, Zielrufnummer, Datum eines Telefonats, Beginn und Dauer des Gesprächs, angefallene Einheiten oder anfallende Gebühren.

4. Eine Rechnung für alle

Wer Call-by-Call intensiv nutzt, bekommt viele Rechnungen. Auch Preselection-Kunden müssen mindestens zwei Rechnungen kontrollieren und bezahlen. Für den besseren Überblick, aber auch, um die Überweisungsgebühren niedrig zu halten, haben alle Telefonteilnehmer das Recht, nur eine Rechnung zu verlangen. Für diese sind dann die Anschlußanbieter – heute noch in den meisten Fällen die Deutsche Telekom – verantwortlich. Auf einer Gesamtrechnung sind alle Kosten, auch die, die bei Call-by-Call-Anrufen oder bei vorbestimmten Gesellschaften angefallen sind, verzeichnet.

Auf dieses Recht können Kunden bestehen – doch derzeit haben sie wenige Chancen, ihr Recht auch durchzusetzen. Gesellschaften, die den Markt nicht beherrschen, also beinahe alle neuen Anbieter, können Kunden ablehnen. Deshalb rechnet jeder Anbieter gesondert ab. Wer fünf verschiedene Anbieter nutzte, bekommt dementsprechend auch fünf einzelne Rechnungen. Meist zu unterschiedlichen Zeiten erstellt und verschickt, erfassen sie auch unterschiedliche Verrechnungszeiträume. Was unübersichtlich für den Kunden ist, konnte zum Standard werden, weil die betreffende Formulierung im Gesetz ungenau getroffen wurde. So hat der Kunde zwar das Recht auf eine Gesamtrechnung, aber nur, wenn er mit den Telefongesellschaften nichts anderes ausgemacht hat. Und weil die meisten Verträge die eigene Rechnung beinhalten, existiert faktisch die Wahlmöglichkeit einer Gesamtrechnung nicht.

Selbst wenn es diese Gesamtrechnungen gäbe: Tauchen Probleme bei einzelnen Posten auf, werden beispielsweise Verbindungen, die nicht geführt wurden, oder falsche Gebühren berechnet, ist jede Gesellschaft selbst für den Nachweis verantwortlich. Wurden also Call-by-Call-Telefonate falsch ausgewiesen, hilft der Anschlußanbieter nicht weiter. Bei Ungereimtheiten ist nur die Gesellschaft Ansprechpartner, die auch die Verbindung vermittelte. Sie muß den Beweis führen, welche Telefonate vom Anschluß aus geführt wurden. Noch mehr Informationen dazu finden Sie unter »Wenn die Rechnung nicht stimmt«.

5. Der Eintrag ins Telefonbuch

Mit der Anmeldung eines Telefonanschlusses erwirbt der Kunde auch das Recht, seine Angaben – Namen, Anschrift und Rufnummer – kostenlos in ein allgemein zugängliches Teilnehmerverzeichnis eintragen zu lassen. Auch Auskunftsdienste können Zugriff auf seine Daten bekommen.

Aus datenschutzrechtlichen Gründen darf ein Teilnehmer auf die Nennung im Telefonbuch, in elektronischen Medien und infolgedessen auch bei der Auskunft verzichten. Dabei kann er auch bestimmen, ob er nur in einem Verzeichnis stehen will. Faktisch ist dieses Recht nicht vollständig durchzusetzen. Das zeigen elektronische Verzeichnisse, die seit Jahren von Verlagen angeboten werden und die meist auf der Grundlage von Telefonbüchern erstellt wurden. Hat sich ein Kunde ins regionale Telefonbuch eintragen lassen, wollte aber weder von Auskunft noch auf CD-Roms genannt werden, erschien er dennoch in diesen Verzeichnissen – weil die Verwendung der Telefonbücher nicht kontrolliert werden kann. Wer seinen Namen in solchen Verzeichnissen findet, kann beim betreffenden Verlag Einspruch erheben, damit bei der Aktualisierung die Angaben gestrichen werden. Marktbeherrschende Gesellschaften haben auch für ein Telefonbuch zu sorgen.

Ob es in naher Zukunft nicht mehr nur das eine Buch der Deutschen Telekom, sondern auch diejenigen anderer Gesellschaften oder das eines anderen dritten Unternehmens geben wird, ist noch nicht sicher. Zur Zeit diskutieren die Telefongesellschaften. Um die Nummer eines Teilnehmers zu finden, sind einheitliche, regionale Verzeichnisse sinnvoll. Doch für diese Kooperation müßten sich die Unternehmen zusammenfinden, die entstehenden Kosten teilen – und auch darüber wird noch diskutiert.

Unabhängig von einem überregionalen Telefonbuch steht dem Kunden ein regionales Telefonverzeichnis zu. Ob dies auch in Zukunft wie gewohnt kostenlos bleibt, ist ebenfalls noch nicht geklärt.

6. Wenn die Rechnung nicht stimmt

Früher war es problematisch, wenn man sich über zu hohe Telefonrechnungen beschweren wollte: Die Zahlung konnte nur verweigert werden, wenn die Rechnung unrichtig war. Den Nachweis zu führen, war so gut wie unmöglich. Heute kann die Zahlung verweigert werden, wenn auch nur Zweifel an der Höhe der Forderungen aufkommen. Allerdings sollten diese begründet, glaubhaft und nachvollziehbar sein. Dadurch ist der Anbieter gezwungen, alle Verbindungen einzeln aufzuschlüsseln und eine technische Prüfung seiner Daten durchzuführen. Bestehen dann immer noch Zweifel an der Rechnung – etwa weil die Manipulation Dritter nicht ausgeschlossen wurde oder technische Mängel dokumentiert sind – darf der Anbieter nur noch einen Betrag verlangen, der dem Durchschnitt der letzten sechs Rechnungen entspricht.

Wer vor einem Einspruch sichergehen will, daß der Anschluß nicht gesperrt wird, kann diesen Durchschnittsbetrag selbst bilden und parallel zum Widerspruch überweisen. Das ist durchaus sinnvoll, auch im Hinblick darauf, daß der Streit um die Rechnung vor Gericht ausgetragen werden kann.

Die Frist, innerhalb derer Einspruch zu erheben ist, steht in den allgemeinen Geschäfts- und Vertragsbedingungen. Die Deutsche Telekom verlangt den Widerspruch innerhalb von 56 Tagen. Gesetzlich sind die Anbieter verpflichtet, alle Verbindungsdaten 80 Tage nach Rechnungsstellung zu löschen.

Nach dieser Zeit ist es unmöglich, Fehler in der Rechnung nachzuweisen. In diesem Zusammenhang muß allerdings darauf hingewiesen werden, daß Kunden die 80-Tages-Frist im Festnetz wie im Mobilfunk kürzen können – in diesem Fall löscht das Unternehmen die Daten wesentlich früher – was den Widerspruch gegen eine Rechnung natürlich erschweren kann.

Vergleichbar mit den Prepaid-Karten aus dem Mobilfunk sind Angebote, die fürs Festnetz geplant werden und die ab 1999 auf den Markt kommen sollen: Kunden vereinbaren mit einer Gesellschaft, für wieviel Geld sie in einem Monat telefonieren. Wer über dieses Limit hinaus telefonieren will, kann das nur nach vorheriger Rücksprache mit dem Vertragspartner tun. Sollte es jedoch überschritten werden, weil die Gesellschaft versäumt, den Anschluß zu sperren, muß sie selbst für die Kosten aufkommen. Der Kunde bezahlt nur das vereinbarte Maximum.

7. Die Kaution

Telefongesellschaften erbringen ihre Dienste im voraus und können, wenn zu befürchten ist, daß ein Kunde seinen Zahlungen nicht oder nicht rechtzeitig nachkommt, eine Kaution als zusätzliche Sicherheit verlangen. Die Höhe dieser Kaution muß angemessen sein. Unter angemessen wird ein Betrag verstanden, der zur Anschlußgebühr das Sechsfache der Grundgebühr addiert. Bei der Deutschen Telekom sind das zur Zeit für einen einfachen Anschluß 100 Mark plus die sechsfache Gebühr von 24,95 Mark, also knapp 250 Mark. Diese Sicherheiten dürfen nicht unbefristet einbehalten werden. Besteht nach einiger Zeit – in der Praxis zwischen sechs und neun Monaten – kein Zweifel mehr an der Zahlungsfähigkeit eines Kunden, werden sie zurückbezahlt oder mit künftig anfallenden Telefonkosten verrechnet.

8. Die Sperre

Ein Anbieter kann seine Leistungen ganz oder teilweise unterbinden, wenn der Kunde mit mindestens 150 Mark in Zahlungsverzug oder eine Kaution verbraucht ist. Dies gilt nicht für Rechnungen, denen widersprochen wurde. Wenn in diesem Fall ein Durchschnittsbetrag (s. o.) überwiesen wurde, ist die Sperre nicht statthaft.
Die Sperre wird zwei Wochen im voraus schriftlich angekündigt. Dies geschieht meist in der letzten Mahnung. Um eine Mindestversorgung zu garantieren, darf sie vorerst nur auf jene Dienste bezogen werden, bei denen hohe Gebühren angefallen sind. Wenn beispielsweise viele Gespräche ins Ausland geführt oder unverhältnismäßig viele Telefo-

nate mit Servicenummern (01 90 etc.) geführt wurden, wird der Anschluß für diese Vorwahlen gesperrt.

In den meisten Fällen wird es nicht möglich sein, so genau aufzugliedern, wie hohe Telefonkosten entstanden sind. Deshalb sperren in der Praxis die Telefongesellschaften einen Anschluß nach der schriftlichen Mitteilung vollständig. Der Teilnehmer bleibt danach noch eine Woche erreichbar, bevor die Leitung blockiert wird. Während einer Sperre fällt weiterhin die Grundgebühr an. Schließlich besteht der Anschluß weiter, auch wenn er nicht benutzt werden kann.

Nur in wenigen Ausnahmefällen wird ein Anschluß ohne Vorwarnung gesperrt: dann, wenn der Kunde die Sicherheit des Netzes gefährdet oder sich grob fahrlässig gegen die Vertragsbedingungen verhält. Eine Gesellschaft kann außerdem zu dieser Maßnahme greifen, wenn sie glaubhaft nachweist, daß ohne sofortige Sperre Gebühren in einer Höhe anfallen, die der Kunde nicht bezahlen kann.

9. Hilfe in Notfällen

Streitigkeiten zwischen Kunden und Telefongesellschaft kann nur ein Gericht klären. Bevor es so weit kommt, können andere Maßnahmen ergriffen werden: Die Regulierungsbehörde für Telekommunikation und Post in Bonn verfügt über eine eigene Schlichtungsstelle, an die sich jeder wenden kann, der seine Rechte verletzt sieht. Das wäre dann der Fall, wenn etwa ein marktbeherrschender Anbieter keinen Anschluß einrichtet oder wenn ein Anschluß zu Unrecht gesperrt wurde. Die Schlichtungsstelle versucht, eine Einigung zwischen beiden Parteien zu erreichen, bindende Entscheidungen treffen kann sie jedoch nicht. Können sich die streitenden Parteien nicht einigen, bleibt nur der Klageweg.

Vor ein Gericht zu ziehen, kann teuer werden. Deshalb sollten Kunden, bevor sie sich zu diesem letzten Schritt entschließen, Rechtsrat bei einem Anwalt oder einer Verbraucherzentrale einholen. Dabei sind die Aussichten auf Erfolg eines Prozesses sowie der entstehende Streitwert zu klären, denn danach richten sich später die Kosten.

Auch die Regulierungsbehörde beantwortet Verbraucherfragen telefonisch, schriftlich oder per Email. Die Adresse dieser Beratung lautet:

Regulierungsbehörde für Telekommunikation und Post
– Verbraucherservice –
Postfach 80 01
53105 Bonn
Tel: 01 80/5 10 10 00 (0,484 DM /min)
Fax: 0 30/22 48 05 15
Email: verbraucherservice@regtp.de
Internet: http://www.regtp.de

VI. Die Suche nach dem besten Anbieter

Weder für das Telefonieren im Festnetz noch für den Mobilfunk oder für Internet-Dienste gibt es den idealen Anbieter. Wer wechseln will, einen neuen Anschluß beantragt oder ins Internet will, findet im folgenden Hinweise darauf, was er zuvor klären sollte.

1. Das Telefonverhalten

Die Suche nach einem Telekommunikations-Dienstleister ist mit der Suche nach einem neuen Auto vergleichbar: Wer mit seinem Wagen nur zum Einkaufen fährt, stellt andere Ansprüche als ein Vertreter, der in kurzer Zeit Tausende von Kilometern darin zurücklegt. Ganz ähnlich hat auch der Selbständige, der zu Hause arbeitet, andere Bedürfnisse an einen Anschluß als der Unternehmer mit vielen Mitarbeitern. Auch Angestellte, die vorwiegend nach Feierabend und an den Wochenenden telefonieren, haben andere Wünsche. Deshalb ist vor einem Wechsel oder vor der Wahl eines Telekommunikationsanbieters festzustellen, wo sich die Schwerpunkte in der Nutzung abzeichnen.

Wie bei anderen Telekommunikationsdiensten auch ist dies beim Telefonieren am besten anhand der letzten Rechnungen zu bewerkstelligen. Über die Verzeichnisse der vergangenen drei oder vier Monate bekommt jeder ein gutes Bild davon, was er selten und was er oft nutzt. Hilfreich bei dieser Entscheidung ist der Einzelverbindungsnachweis. Aber es geht auch ohne die Liste einzelner Verbindungen, da zumindest die Deutsche Telekom in ihren Rechnungen die Einheiten nach den Entfernungszonen sortiert, in denen sie anfielen. Folgende Fragen helfen bei der Analyse der Rechnungen:

1. Region: Wird besonders häufig im Orts-, Nah- oder Regionalbereich telefoniert, oder fallen auch Ferngespräche an? Wie viele Auslandsgespräche stehen auf der Rechnung und in welche Länder gingen sie? Für eine bessere Übersicht empfiehlt es sich, diese Anteile prozentual nach Einheiten und nach dem anfallenden Rechnungsbetrag aufzugliedern.

2. Dauer: Werden nur kurze Gespräche geführt oder vorzugsweise lange? Kurze Gespräche rechnet beispielsweise ein Anbieter, der mit Sekunden-Takt arbeitet, genauer und damit preiswerter ab.

3. Tageszeit: Nicht zu vernachlässigen ist auch die Tageszeit, zu der hauptsächlich telefoniert wird. So gibt es Anbieter, die tagsüber teuer sind, die aber dafür sehr günstige Abend- und Wochenendtarife anbieten – und umgekehrt. Wer beispielsweise berufstätig ist und tagsüber kaum telefoniert, fährt mit dem im Beispiel genannten Anbieter besser. Firmen, die nur tagsüber telefonieren, sollten einen derartigen Anbieter meiden.

4. Preisvergleich: Für die Suche einer Telefongesellschaft sollte man sich an den Kosten der Deutschen Telekom orientieren. Nicht etwa, weil sie günstig sind, sondern weil jeder die Berechnungsgrundlagen kennt und deshalb andere Angebote leichter einschätzen kann.

Diese Überlegungen sind der erste Schritt bei der Suche nach einem neuen Anbieter. Vor dem Wechsel einer Gesellschaft im Festnetz sollte man diese über Call-by-Call schon ausprobiert haben. Um dabei nicht völlig den Überblick zu verlieren, sollten alle Gespräche protokolliert werden. Und zwar mit der Uhrzeit, der Dauer, der gewählten Netzkennziffer und Rufnummer. Auch die Unterscheidung in Werk- und Feiertage oder Wochenenden ist sinnvoll bei dieser Kontrolle.

2. Billig ist nicht gleich preiswert

Der billigste Anbieter muß nicht der beste sein. Am persönlichen Telefonverhalten ist durchaus zu erkennen, was außer den Kosten noch zählt beim Telefonieren: etwa eine übersichtliche Rechnung, Angebote wie einen »Anrufbeantworter im Netz«, der das eigene Gerät ersetzt, oder der schnelle, günstige Zugang zum Internet, wenn vor Ort ein Einwählknoten nicht existiert. Solche Wünsche fordern Angebote, die nicht immer nur günstige Gebühren enthalten.

Welche Gesellschaft für welche Region und zu welcher Tageszeit die billigsten Tarife bietet, das beantworten auch spezielle Geräte oder Datenbanken, doch dazu später.

Nicht immer sind die neuen Anbieter billiger als die Deutsche Telekom. Beispiel sind die Gespräche im Nahbereich zum Wohnort, die kaum ein Unternehmen preiswerter bietet. Wer sich jedoch für Preselection entschieden hat und alle Ferngespräche mit einer Vorwahl über einen Anbieter vermitteln läßt, kann den Ortstarif, den die Deutsche Telekom auch für Gespräche im Nahbereich bietet, nur noch nutzen, indem er sich über die Netzkennzahl der Telekom (0 10 33) über Call-by-Call in deren Netz einwählt. Andererseits haben die neuen Gesellschaften nur selten Verträge untereinander geschlossen:

Wer aufgrund der Preise zu einem neuen Anschlußanbieter wechselt, verliert möglicherweise die Wahlfreiheit des Call-by-Calls.

3. Die Call-by-Call-Tabelle

Sehr praktisch bei der intensiven Nutzung von Call-by-Call ist eine Tabelle, die sich jeder selbst erstellen kann. Wer schon einige Tarife miteinander verglichen hat, kann darin verzeichnen, welcher Anbieter zu welcher Tageszeit für welches Gespräch den billigsten Tarif bietet. Aufgeschlüsselt nach Entfernungsbereichen, Tageszeiten, Wochentagen werden die Netzkennziffern eingetragen. Dabei sollten eine oder zwei Alternativen mit eingetragen werden – für den eintretenden Fall, daß die Verbindungen eines Anbieters überlastet sind.
Die persönliche Call-by-Call-Tabelle kann so aussehen:

Tag/Zeit	Regio 50	Fernzone	Ausland
Wochenenden/Feiertage			
ab 8 bis 18 Uhr	Anbieter A 0 10 01	Anbieter B 0 10 02	Anbieter C 0 10 03
	Anbieter C 0 10 03	Anbieter C 0 10 03	Anbieter D 0 10 04
ab 18 bis 8 Uhr	Anbieter D 0 10 04	Anbieter C 0 10 03	Anbieter E 0 10 05
	Anbieter C 0 10 03	Anbieter A 0 10 01	Anbieter A 0 10 01
Wochentags			
ab 8 bis 12 Uhr	Anbieter B 0 10 02	Anbieter A 0 10 01	Anbieter D 0 10 04
	Anbieter C 0 10 03	Anbieter E 0 10 05	Anbieter C 0 10 03
ab 12 bis 18 Uhr	(...)		
ab 18 bis 21 Uhr	(...)		
ab 21 bis 8 Uhr	(...)		

Sie ist nur ein Beispiel, das sich an beliebige Vorgaben anpassen läßt. Wer beispielsweise viele Gespräche in Mobilfunknetze führt, sollte auch dafür einige Anbieter aufschreiben. Genauso lassen sich Auslandstarife berücksichtigen, da Anbieter je nach Land unterschiedliche Gebühren verlangen.

Neben dem Telefon angebracht, erleichtert diese Tabelle die richtige Wahl und das Sparen. Möglicherweise beschränken sich schon bei der Erstellung dieser Tabelle die möglichen Anbieter auf zwei oder drei Unternehmen. Sie würden durchaus auch für Preselection in Frage kommen. Wirklich Sinn macht die Tabelle nur, wenn sie regelmäßig um neue Anbieter und geänderte Tarife ergänzt wird. Das heißt: Call-by-Call-Nutzer sollten sich auf dem Laufenden halten, was sich im Dschungel der Tarife tut.

4. Zielwahltasten nutzen

Wer Call-by-Call nutzt, wird sich schnell über die ellenlangen Nummern ärgern, die dabei entstehen. Das läßt sich etwas mindern, wenn man ein Komforttelefon besitzt. Wenn dieses die Möglichkeit bietet, Rufnummern von Freunden und Bekannten zu speichern, können auch die Netzkennziffern der Anbieter in den Speicher gegeben und danach mit einem Tastendruck abgerufen werden. Das allerdings funktioniert nur bei Geräten, die das Kombinieren von zwei gespeicherten Rufnummern zulassen oder beim Wählen noch eine weitere Nummerneingabe ermöglichen. Je mehr Speicherkapazität für Rufnummern ein Telefon bietet, um so praktischer ist es beim Call-by-Call.

5. Kontrolle der Rechnung(en)

Auf die Problematik mit den verschiedenen Rechnungen, wenn man Call-by-Call über mehrere Anbieter nutzt, wurde schon hingewiesen. Zwar hat der Kunde eigentlich ein Recht darauf, daß über den Betreiber des Hauptanschlusses abgerechnet wird, aber dieses Recht besteht mehr in der Theorie als in der Praxis. Von den meisten Anbietern bekommt man eine eigene Rechnung. Dies macht es allerdings schwierig, wenn nicht sogar fast unmöglich, die anfallenden Kosten zu kontrollieren. Dennoch sollte man sich diese Mühe machen, denn

- auch die neuen Anbieter sind keineswegs perfekt und
- man hat es als Kunde mittlerweile leichter, wenn man sich gegen überhöhte Forderungen wehren möchte.

Wie Sie konkret gegen überhöhte Forderungen vorgehen können, lesen Sie in dem Kapitel V. 6. Wenn die Rechnung nicht stimmt.

6. Die Vertragsdauer und die Kündigungsfrist

Wer sich für Preselection entscheidet, wählt für Ferngespräche einen anderen Anbieter als die Deutsche Telekom. Vor Vertragsabschluß sollte man die Laufzeit und die Kündigungsfrist beachten. Eine Frist von 30 Tagen bis zum Ende eines Quartals hat zwar etwas mit Kundenbindung zu tun, das allerdings nicht im positiven Sinne: Sollten sich Tarife ändern oder eine andere Gesellschaft noch günstigere Konditionen bieten, muß jeder Teilnehmer schnell wechseln können, wenn er sofort sparen will. Im wachsenden Markt werden beinahe täglich neue Angebote im Telekommunikationsbereich bekannt. Um sie auch ausprobieren zu können, sollten bestehende Verträge schnell zu kündigen sein. Dies gilt für Preselection wie für Call-by-Call. Vorsicht bei langen Laufzeiten ist geboten, wenn ein Mindestumsatz verlangt wird. Zwar beinhalten solche Verträge günstigste Tarife, doch einen Mindestumsatz erreicht man nur dann, wenn man mit einem Anbieter telefoniert. Werden aber weitere Unternehmen genutzt, kommt er eventuell nicht mehr zusammen: eine teure Erfahrung.

7. Mehrere Anschlüsse

Man denkt nicht sofort daran: Wer mehrere Rufnummern gleichzeitig für Preselection freischalten kann, bekommt oft genug Rabatte von den Gesellschaften. Darüber nachzudenken, bietet sich an, wenn neben der Firmen- auch eine Privatnummer angegeben werden kann. Auch die einzelnen Nummern eines ISDN-Anschlusses – Vorsicht nur, wenn einer für den Zugang zum Internet genutzt wird – fallen unter diese Möglichkeit oder der Anschluß vom Feriendomizil oder die Telefonnummern von engen Verwandten.

Der Vorteil: Zahlreiche Anbieter ermäßigen ihre Tarife, wenn viel Umsatz erreicht wird. Und dies ist natürlich, wenn mehrere Nummern genutzt werden, schneller der Fall. Der Nachteil: Alle Rechnungen des Anbieters werden nur an einen Empfänger verschickt. Er zahlt alle Rechnungen der Anschlüsse, die er auf Preselection umstellen ließ. Bei der Kombination von Privat- und Geschäftsnummer lassen sich bei der Steuererklärung eventuell die geschäftlichen Telefonate nicht mehr von den privaten trennen. Wenn mehrere Familienmitglieder ihre Anschlüsse gemeinsam freischalten lassen, muß der Zahler die Kosten bei den anderen eintreiben. Nicht zuletzt müssen alle Teilnehmer einer solchen Preselection-Gemeinschaft damit einverstanden sein, daß – über die Einzelverbindungsnachweise – allen bekannt wird, wohin sie telefonieren.

8. Technische Helfer

Über 70 Telefongesellschaften verfügten im Sommer 1998 über eine Lizenz für Telefondienste. Die Zahl der möglichen Tarife wuchs schnell über 10.000. Ein Ende ist in naher Zukunft nicht abzusehen. Kunden haben die Wahl – aber sicher die Übersicht schon lange verloren. In solchen Fällen läßt sich der Mensch gerne von der Technik helfen. Beim Sparen leisten Computerprogramme und Least-Cost-Router gute Dienste.

Computerprogramme auf CD-Rom oder Datenbanken im Internet suchen nach den günstigsten Anbietern. Für ihre Berechnungen brauchen die Programme einige Angaben. Der Nutzer hat seinen Wohnort anzugeben sowie die Tageszeit des nächsten Telefonats, seine voraussichtliche Länge und die zu wählende Rufnummer oder Vorwahl. Schließlich will das Programm noch wissen, für welche Anbieter schon eine Anmeldung (Preselection oder Call-by-Call) abgeschickt wurde. Anhand dieser Daten durchsucht das Programm alle gespeicherten Gebühren und filtert die günstigste heraus. Oft sind auf diesen Datenbanken, die zwischen 20 und 50 Mark kosten, auch die Tarife im Mobilfunk gespeichert. Mit ihrer Hilfe lassen sich auch die Telefonrechnungen auswerten, um einen Preselection-Partner zu finden.

Voraussetzung einer vernünftigen Suche ist jedoch die Aktualität der gespeicherten Tarife. Das Hauptproblem dieser Helfer: Sie sind oft schon veraltet, wenn sie in den Handel kommen, und nennen daher nicht alle möglichen Anbieter oder die geltenden Gebühren. Deshalb bieten einige Hersteller die regelmäßige Aktualisierung des Datenbestandes an, allerdings sind diese Updates nicht immer kostenlos. Auch im weltweiten Datenarchiv, dem Internet, sind Seiten oder Programme zu finden, die für einen Anruf die Kosten berechnen. Es folgt daher eine Liste von Internet-Adressen, die aktuelle Tarife oder Testversionen von Telefon-Programmen bereit halten:

http://www.tarifinfo.de

http://www.insider.org/tarif

http://troubadix.physik.tu-berlin.de/tel

http://www.billiger-telefonieren.de

http://home.t-online.de/home/mshome/mgeb.htm

http://www.wi-inf.uni-essen.de/~matthes

http://www.tedas.de

http://www.195.63.122.23/inedx2.htm

http://regtp.de (die Internetseite der Regulierungsbehörde)

Computerprogramme können nur am Computer genutzt werden – noch ein Nachteil dieser technischen Helfer zum Sparen. Wer unterwegs telefonieren will, ist aufgeschmissen. Wer keinen Zugang zum Internet hat, kann nicht aktualisieren. Und zudem muß die Frage erlaubt sein: Wer schaltet, bevor er telefoniert, den Computer ein und wartet auf den Zugriff auf Programme, um sich die günstigste Netzvorwahl nennen zu lassen? Eine Alternative bieten Least-Cost-Router. Das sind Geräte, die zwischen Telefondose und Apparat (auch ein Faxgerät oder Modem) gestöpselt werden und automatisch die entsprechende Netzkennzahl des günstigsten Call-by-Call-Anbieters für einen Anruf vorwählen. Nicht zu empfehlen sind solche Modelle, für die Tarif- und Anbieterangaben noch einzugeben sind. Neuere Router brauchen nur einen Hinweis auf die eigene Nummer, sortieren danach aufgrund der gespeicherten Datenbank den günstigsten Tarif für ein Gespräch aus und stellen die Verbindung her.

Auch diese Least-Cost-Router müssen zuweilen aktualisiert werden. Bei den meisten der aktuellen Geräte geschieht das über die Telefonleitung. Meist zu billigen Tarifzeiten und wieder über den günstigsten Anbieter wählen sich die Router automatisch in die Datenbank ihres Herstellers ein und ziehen von dort die aktuellen Daten heran. Das kostet nicht nur Telefongebühren, sondern oft genug noch ein paar Mark für die Aktualisierung.

Least-Cost-Router wählen automatisch den günstigsten Anbieter für ein Gespräch. Doch nicht jedes Gerät gibt sein Wissen – also welche Netzkennziffer es wählt – preis. Wer wissen will, über wen die Verbindung läuft, muß dann die Rechnung abwarten. Praktischer sind also solche Geräte, die die Kennziffer nennen und auch die anfallenden Gebühren. Sie sind teurer, geben aber wertvolle Hinweise für die Wahl eines Preselection-Partners.

9. Der Wechsel

Wie schon dargestellt, gibt es für den Wechsel drei Möglichkeiten: Entweder man wechselt den Anschlußanbieter oder den Anbieter von Fernverbindungen oder von Anruf zu Anruf die Gesellschaften. Der

Wechsel zu einem Anschlußanbieter ist einfach: Meist leiten die Anbieter auch die Kündigungen zur alten Gesellschaft weiter, und der Kunde muß sich um nichts mehr kümmern. Sollten allerdings noch offene Rechnungen zu begleichen oder Probleme zu lösen sein, kann dieser Service nicht funktionieren. Der Kunde wird sich dann mit seinem bestehenden Vertragspartner auseinandersetzen müssen.

Zum neuen Anschlußanbieter kann die Rufnummer ohne weitere Kosten mitgenommen werden (Rufnummernportabilität). Nur wenn ein neuer Anschluß beantragt wird oder nach einem Umzug gibt es wie gewohnt die neue Nummer.

Für die meisten Telekom-Kunden kommt aber der Wechsel des Direktanschlusses nicht in Frage, da es – abgesehen von einigen lokalen Anbietern – kaum Alternativen gibt. Was hingegen problemlos funktioniert, ist die Umstellung auf einen anderen Anbieter für alle Ferngespräche: Preselection also. Auch fallen beim Wechsel keine weiteren Gebühren an. Dasselbe gilt bei der Call-by-Call-Wahl verschiedener Anbieter.

VII. Glossar

Hier finden Sie in alphabetischer Reihenfolge die Erklärungen für alle relevanten Begriffe rund um das Thema Telekommunikation.

ADF

ADF ist die Abkürzung für »Automatic Document Feeder«, was ins Deutsche übersetzt etwa »automatischer Vorlageneinzug« bedeutet. Er erlaubt Faxgeräten das Einziehen von mehreren Vorlagenblättern nacheinander.

ADSL

ADSL ist die Abkürzung für Asymetric Digital Subscriber Line und bezeichnet eine neuartige Form der Datenübertragung, die allerdings derzeit nur in Pilotprojekten läuft. Statt in beide Richtungen (also vom Provider zum PC und zurück) mit der gleichen Bandbreite zu arbeiten, bekommt hier die Leistung vom Interneteinwahlknoten zum PC mehr Kapazitäten, während die Daten, die vom PC zum Server geschickt werden, weniger Übertragungskapazität zugewiesen bekommen (deshalb asymetrisch). Da wesentlich mehr Daten zum Rechner kommen, als von dort

zurück, verspricht man sich große Geschwindigkeitsvorteile.

Akku

Ein Akku ist eine Batterie, die wieder aufzuladen ist. Akkus liefern Energie für Handys oder die Hörer von schnurlosen Telefonen. Siehe »Memory-Effekt«.

Aktive Weiche

Eine aktive Weiche ist nötig, sollen Faxgerät und Telefon an einem Anschluß betrieben werden. Sie nimmt Signale an, unterscheidet Telefonate von Faxbriefen und leitet sie an das entsprechende Gerät weiter. In den meisten aktuellen Faxgeräten sind solche Weichen schon integriert.

Anklopfen

Kommt, während man telefoniert, ein zweites Gespräch an, macht ein Signal darauf aufmerksam – es klopft sozusagen an.

Automatische Rufannahme

Diese Funktion spielt vor allem bei Autotelefonen und Handys, die im Auto über einen Carkit betrieben werden, eine Rolle. Um jederzeit frei sprechen und die Hände am Lenkrad halten zu können, werden Telefonate automatisch angenommen und sind dann über den Lautsprecher zu hören.

Automatische Wahlwiederholung

Bei der automatischen Wahlwiederholung wiederholt das Telefon den Wählvorgang nach einer bestimmten Zeit, wenn beim gewünschten Gesprächspartner besetzt war. Praktisch ist diese Funktion auch bei Faxgeräten, da die Vorlage dann automatisch verschickt wird.

Babyruf

Für diese Funktion wird eine bestimmte Rufnummer eingespeichert, die – während einer kurzfristigen Sperre des Apparats bei Abwesenheit – automatisch gewählt wird, wenn eine beliebige Taste gedrückt wird.

Basisstation

Schnurlose Telefone bestehen aus dem schnurlosen Hörer mit den Zifferntasten und der Basisstation. Letztgenannte wird über ein Kabel an die Telefondose angeschlossen und dient in den meisten Fällen auch als Ladestation für den Akku im Hörer. Neue Telefone bieten sogar die Möglichkeit, an eine Basisstation mehrere Hörer anzuschließen.

BZT

Abkürzung für »Bundesamt für Zulassungen in der Telekommunikation«; Talstr. 34; 66119 Saarbrücken. Dort werden Geräte geprüft und erhalten dann für den deutschen Markt eine Zulassungsnummer.

Callback

Der Callback-Service hilft bei internationalen Gesprächen sparen. Genutzt werden dabei die niedrigen Tarife im Ausland. Über eine Rufnummer wählt sich der Kunde in den Zentralcomputer des Anbieters ein. Dieser ruft nach der Identifikation zurück und stellt dadurch eine Amtsleitung im Ausland zur Verfügung, die für die eigentliche Verbindung genutzt wird.

City Carrier

Telefongesellschaften, die in regional begrenzten Gebieten als Vollanbieter auftreten, werden als City- oder Regional Carrier bezeichnet. Das Angebot ist vergleichbar mit dem der Deutschen Telekom und umfaßt alle Orts-, Fern-

und Auslandsgespräche. Viele lokale Telefongesellschaften bieten Zusatzdienste wie z. B. einen preiswerten Internetzugang an. Wichtig: Auch wenn man mit dem Direktanschluß zu einer neuen Telefongesellschaft wechselt, besteht natürlich weiterhin die Möglichkeit Call-by-Call und Preselection zu nutzen.

Code Schloß / Elektronisches Schloß

Neuere Telefone und vor allem Handys lassen sich durch einen Code sperren. Mit einem weiteren Code wird diese Sperre gelöst.

CT1+

Bei modernen schnurlosen Telefonen unterscheidet man zwischen dem CT1+ und dem DECT-Standard. Geräte, die nach dem CT1+Standard arbeiten, übertragen die Signale analog vom Mobilteil zur Basisstation, was häufig verbunden ist mit einer schlechteren Sprachübertragung und geringerer Abhörsicherheit als bei DECT-Geräten. Dafür ist die Reichweite von CT1+ Geräten zumeist etwas höher, und sie sind zudem preisgünstiger als die Geräte nach DECT-Standard.

C-Netz

Das analoge C-Mobilfunknetz wurde 1985 eingeführt. Der Vorteil dieses Netzes ist die beinahe vollkommene Netzabdeckung. Inzwischen wird das C-Netz immer mehr von der digitalen Konkurrenz verdrängt.

DECT

Abkürzung für »Digital European Cordless Telecommunications«, zu deutsch etwa »europäischer Standard für die digitale Übertragung bei schnurlosen Telefonen«. Telefone mit DECT übertragen Signale in digitaler Form. Das eröffnet zusätzliche Möglichkeiten: zum Beispiel interne und externe Gespräche. Diese Geräte brauchen weniger Energie als andere schnurlose.

Direktruf

siehe Babyruf.

Direktwahltasten

Über Direktwahltasten lassen sich vorher eingespeicherte Telefonnummern wieder abrufen und automatisch wählen, was – vor allem bei langen Nummern mit Vorwahl etc. – von Vorteil ist. Direktwahltasten können eigene Tasten sein, es gibt aber auch Telefone, welche die normalen Tasten durch Vorwählen einer bestimmten Taste als Direktwahltasten verwenden. Sinnvoll ist der Einsatz der Dirkektwahltasten auch

für die Speicherung der Netzvorwahl-
nummern der Call-by-Call-Anbieter

D-Netz

Das digitale D-Mobilfunknetz basiert
auf dem internationalen GSM-900-
Standard und bietet im Vergleich zur
analogen Konkurrenz eine bessere
Qualität, was vor allem bei der Datenübertragung von enormen Vorteil ist.

ECM

Abkürzung für »Error Correction Mo-
de«, zu deutsch etwa »Fehlerkorrek-
turmodus«. Diese Funktion korrigiert
fehlerhaft übertragene Faxbriefe, indem
Dokumente nochmals verschickt werden. Dazu müssen aber beide Geräte
diese Funktion unterstützen.

Einbuchen

Um ein Mobiltelefon nutzen zu können,
bucht sich das Gerät bei der Funküber-
mittlungsstelle ein. Diese Anmeldung
geht automatisch durch das Einschal-
ten des Geräts und die Eingabe der
PIN-Nummer. Auch schnurlose Hörer
buchen sich bei ihrer Basisstation ein.

Email

Abkürzung für elektronic Mail, also
elektronische Nachrichten. Per Email
lassen sich über einen PC Nachrichten,
Texte und Dateien versenden.

E-Netz

1988 startete E-Plus mit dem digitalen
E-Netz für Mobilfunk. Das E-Netz funktioniert aufgrund der hohen Dichte der
Basisstationen mit einer geringen Sen-
deleistung von 0,25 bis 1 Watt. Ein
zweites Netz auf diesem GSM 1800-
Standard von dem Anbieter Viag Interkom soll im Herbst 1998 starten.

Erweiterte Wahlwiederholung

Geräte mit einer erweiterten Wahlwiederholung speichern eine Nummer so
lange, bis sie überschrieben wird.

Fernabfrage

Über die Fernabfrage wird aus der Fer-
ne ein Anrufbeantworter abgefragt oder
neu programmiert. Dazu werden mit einem kleinen Gerät oder über die Tele-
fontasten Tonsignale übertragen, die
das Gerät steuern.

Flash-Taste

Tastentelefone haben eine sogenannte
Flash-Taste, die z. B. bei manchen Ne-
benstellenanlagen dazu benötigt wird,
um ein Gespräch zu parken.

Freisprechen

Telefone mit einer Freisprecheinrich-
tung sind mit Mikrofon und Lautsprecher ausgerüstet. So kann man telefonieren, ohne den Hörer abzunehmen.

GSM

Ist die Abkürzung von »Global System Mobilephone«. Dieser internationale Mobilfunkstandard, der für die digitalen Funknetze gilt, wurde von einer Arbeitsgruppe der europäischen Fernmeldeverwaltungen erarbeitet. Die Weiterentwicklung heißt GSM-Phase II und bietet zahlreiche neue Dienste, wie Konferenzschaltung und automatische Gebührenkontrolle.

Halbdigital-System

Wenn ein Anrufbeantworter den Ansagetext auf einem Chip und die Nachrichten auf einer Kassette speichert, bezeichnet man dies als halbdigitales System.

Handy

Handys sind tragbare Telefone, die im Mobilfunknetz funktionieren. Handys werden über einen Akku mit Energie versorgt und arbeiten mit einem bestimmten Standard. Handys, die mehrere Standards unterstützen, werden Dual-Band- oder Mehr-Band-Handys genannt.

Hörer sofort sprechbereit

Bei einem schnurlosen Telefon muß eine Taste gedrückt werden, um einen Anruf anzunehmen. Mit dieser Funktion entfällt dies.

ICM

Abkürzung für »In-Comming-Message«, das sind die eingehenden Nachrichten auf dem Anrufbeantworter.

Intercom

Schnurlose Telefone, die über eine Intercom-Funktion verfügen, können Hörer und Basisstation als Gegensprechanlage nutzen.

ISDN

Abkürzung für »Integrated Services-Digital Netzwork«, zu deutsch etwa dienstintegrertes digitales Netz. ISDN integriert Telekommunikationsdienste wie Telefon, Fax oder Datenübertragung in einem Netz, wobei die Digitalisierung im Vergleich zur herkömmlichen analogen Übertragungstechnik eine bessere Qualität und eine erhöhte Übertragungsgeschwindigkeit ermöglicht.

IWV

Das Impuls-Wahl-Verfahren ist eine Möglichkeit, eine gewählte Telefonnummer zu übermitteln. Dabei werden verschiedene Impulse erzeugt, man schickt für eine »1« beispielsweise einen Impuls, für eine »2« zwei Impulse. Die »0« schließlich wird durch 10 Impulse übermittelt. Die zweite gängige Art der Übermittlung der gewählten

Nummer ist das Tonwahlverfahren (abgekürzt MFV), das z. B. in den USA eingesetzt wird.

Kombifax

Als Kombifax bezeichnet man ein Faxgerät, in dem ein Telefon und/oder ein Anrufbeantworter integriert ist.

Kurzwahlspeicher

Bei vielen Geräten lassen sich Telefonnummern abspeichern und über kurze Zifferncodes wieder abrufen. Dazu werden die Kurzwahltaste und die entsprechende Ziffer gedrückt.

Kurzwahl-Taste

Mittels der Kurzwahltasten werden Nummern aus dem Kurzwahlspeicher abgerufen.

Lauthören

Mittels dieser Funktion sind Gesprächspartner am Telefon nicht bzw. nicht nur über den Hörer, sondern über einen Lautsprecher zu hören.

Mailbox

Mailboxen sind die elektronischen Anrufbeantworter, die in Telefon- und Mobilfunknetzen einzurichten sind. Eingegangene Nachrichten können telefonisch über eine Codenummer abgerufen werden.

Makeln

Annehmen eines zweiten Anrufs während eines Telefongesprächs und der Wechsel zwischen diesen Gesprächen.

Memo-Funktion

Die allermeisten Anrufbeantworter bieten eine sogenannte Memo-Funktion. Damit können Nachrichten direkt auf dem Anrufbeantworter hinterlegt werden, und sie werden genauso behandelt wie ein aufgezeichneter Anruf.

Memory-Effekt

Der sogenannte Memory-Effekt tritt bei Nickel-Cadmium- und Metall-Hydrid-Akkus auf, wenn diese, bereits bevor sie völlig leer sind, wieder aufgeladen werden. Wenn ein Akku häufig so behandelt wird, verliert er drastisch an Leistung (Stand-By-Zeit). Man spricht dann vom sogenannten Memory-Effekt. Deshalb sollten das Mobilteil eines schnurlosen Telefons oder ein Handy immer völlig entladen werden.

Mitschneidefunktion

Anrufbeantworter mit dieser Funktion können Telefongespräche aufzeichnen.

Modem

Kunstwort, das sich aus Modulator und Demodulator zusammensetzt. Es beschreibt ein externes Gerät oder eine

PC Einsteckkarte zur analogen Datenübertragung zwischen Computern über ein Telefonnetz.

Multilink

An die Basisstation eines Telefons mit dieser Funktion lassen sich mehrere Mobilteile anschließen, die alle einen Zugriff auf die Amtsleitung haben. Gespräche lassen sich auch zwischen den verschiedenen Mobilteilen vermitteln.

Nebenstellentauglich

Geräte, die als Nebenstelle in einer Anlage funktioniert, benötigen eine Erdtaste. Sie sind allerdings meist nur schwer in die Anlage zu integrieren.

Notizbuchfunktion

Über diese Funktion läßt sich beim Handy während eines Gesprächs eine Telefonnummer eintippen, die nach Beendigung des Telefonats angewählt oder gespeichert werden kann.

OGM

Abkürzung für »Out-Going-Message«, die heraus gehende Nachricht, also der Ansagetext auf dem Anrufbeantworter.

Paging

Paging ist der Oberbegriff für alle Funkrufdienste im Mobilfunk. Sie heißen Cityruf, Scall, Quix, TelMI oder ähnlich. Das Englische »to page« heißt: jemanden ausrufen lassen. Funkdienste können Botschaften nur in eine Richtung übermitteln.

PIN

Abkürzung für »Personal Identification Number«. Viele Geräte verlangen die Eingabe der PIN, um damit Funktionen oder Nachrichten abzurufen.

Polling

Beim sogenannten Polling werden Dokumente im Faxgerät hinterlegt, die dann zu einem beliebigen Zeitpunkt von einem Empfänger abgerufen werden können. Viele Firmen bieten z. B. Informationen über Faxpolling an.

Prepaid Cards

Diese Karten sind mit den Telefonkarten im Festnetz vergleichbar und bilden neue Angebote im Mobilfunk: Mit ihnen kann für eine festgelegte Summe telefoniert werden, die sich immer wieder ersetzen läßt. Telefongespräche werden im voraus bezahlt, dafür wird keine Grundgebühr fällig.

Quix

Über den Funkrufdienst Quix können Rufnummern, die zurückgerufen werden sollen, oder Textbotschaften empfangen werden.

Raumüberwachung

Wählt man einen Anrufbeantworter mit dieser Funktion an und hat sich durch Eingabe der PIN identifiziert, schaltet das Gerät um und überträgt wie ein Mikrofon alle Geräusche im Raum.

Roaming

Der Begriff »Roaming« kommt aus dem Englischen und bedeutet soviel wie »herumwandern«. Im Mobilfunk ist Roaming die Möglichkeit, sich in die Netze anderer Anbieter einzubuchen, etwa wenn im Ausland telefoniert werden soll.

Rückfrage-Funktion

Hat ein Telefon einen weiteren Anrufer signalisiert (Anklopfen), kann der erste in die Warteschleife gelegt und beim neuen rückgefragt werden, was anliegt.

Scall

Scall heißt der Funkrufdienst der Telekom. Mit diesem werden Texte oder Nummern übertragen.

Scrambler

Schnurlose Telefone, vor allem wenn sie noch nach dem analogen System arbeiten, können leicht abgehört werden. Ein Scrambler verschlüsselt die Daten vor der Übertragung und entschlüsselt ankommende Daten.

SIM-Karte

Auf dem Chip einer SIM-Karte fürs Handy werden alle Informationen, die zum mobil Telefonieren nötig sind, gespeichert. SIM ist die Abkürzung für Subscriber Identity Module.

SMS

»Short Message Service« heißt ein Dienst, der Textbotschaften aufs Display eines Handys überträgt.

Stand-By

Ist ein Handy empfangsbereit, wird aber gerade nicht benutzt, schaltet es auf energiesparenden Stand-By-Modus um. Wie lange Handys oder schnurlose Telefone diesen Modus halten können, ist ein gewichtiges Argument beim Kauf.

Stummschaltung

In Verbindung mit Freisprecheinrichtungen von Autotelefonen gibt es eine Stummschaltung. Durch sie verstummt das Radio, wenn ein Anruf eingeht.

Telefonbuchfunktion

Wenn nicht nur Rufnummern, sondern auch die dazugehörigen Namen in einem Telefon, Fax oder Handy gespeichert werden können, spricht man von einer Telefonbuchfunktion.

Time-Stamp & Time/Day-Stamp

Anrufbeantworter zeichnen mit dieser Funktion auf, wann eine Nachricht eingegangen ist.

Tonsender

Ein Tonsender wird benötigt, wenn ein Anrufbeantworter über die Fernabfrage gesteuert werden soll, aber kein Telefon mit Mehr-Frequenz-Verfahren oder Tonsignalen zur Verfügung steht. Die kleinen Zusatzgeräte sind mit einer Nummerntastatur ausgerüstet.

Übertragungsgeschwindigkeit

Die Übertragungsgeschwindigkeit von Daten wird in »Bit pro Sekunde« oder abgekürzt »Baud« bzw. »bps« angegeben.

Vibrationsalarm

Wer andere nicht durch sein ständig klingelndes Mobiltelefon stören möchte, sollte zu einem Telefon mit Vibrationsalarm greifen. Eingehende Anrufe werden durch Vibrieren angezeigt.

Volldigital-System

Anrufbeantworter, die Ansagen und Nachrichten auf einem digitalen Chip speichern.

Wahlwiederholung

Verfügt das Telefon über eine Wahlwiederholung, so wird, sobald man die entsprechende Taste drückt, die letzte Nummer noch einmal gewählt.

Zielwahltasten

Siehe Kurzwahlspeicher.

VIII. Adressen

1. Die wichtigsten Anbieter

Firma	Netz-vorwahl	Call-by-Call	Preselec-tion	Direct access	Bemerkungen
ACC Telekommunikation GmbH Prinzenpark/Prinzenallee 11 40549 Düsseldorf Tel.: 02 11/5 27 41–0 Hotline: 08 00/12 25 52 22 Fax: 08 00/7 32 92 22 Internet: www.accuk.co.uk	0 10 49	ja	ja	nein	Abrechnung entweder nach Telekom-Modell, aber mit günstigeren Tarifge-bühren (9,7 Pfennig für Inland, 9,1 Pfennig für Ausland inkl. MwSt.) oder sekundengenau
Citykom Münster GmbH Haferlandweg 8 48155 Münster	0 10 25	in Vorbe-reitung	ja	regional	Netzbetreiber in der Region Münster, bietet analoge und digitale Anschlüs-se, rechnet wie die Telekom nach Tak-ten ab

Tel.: 02 51/6 94 40 00
Hotline 02 51/6 94 41 40
Fax: 02 51/6 94 41 12
Internet: www.citykom.de

| COLT Telecom GmbH
Eschersheimer Landstr. 10
60322 Frankfurt am Main
Tel.: 0 69/9 59 58-0
Hotline: 01 30/18 22 11
Fax: 0 69/9 59 58 –100
Internet:
www.colttelecom.com/deutsch/ | 0 10 28 | nein | nein | regional | regionaler Netzbetreiber derzeit in Hamburg, München, Frankfurt und Berlin, weitere Ballungszentren im Aufbau |
| debitel Kommunikationstechnik GmbH und Co. KG
Schelmenwasenstr. 37–39
70567 Stuttgart
Tel.: 07 11/7 21 70 00
Hotline: 01 80/5 35 54 46
Fax: 01 80/5 12 31 20
Faxabruf: 01 80/5 12 31 28
Internet: www.debitel.com | 0 10 18 | in Planung | ja | nein | 30-Sekunden-Takt, sekundengenau gegen Aufpreis, Call-by-Call noch im Aufbau, plant Freischaltung der 07 00-Nummern |

Firma	Netz-vorwahl	Call-by-Call	Preselec-tion	Direct access	Bemerkungen
Deutsche Telekom AG Friedrich-Ebert-Allee 140 53113 Bonn Tel.: 02 28/1 81 -0 Hotline: 08 00/3 30 10 00 Fax: 02 28/1 81 -88 72 Faxabruf Tarife: 08 00/3 30 33 01 Internet: www.dtag.de	0 10 33	ja	ja	ja, bundesweit	bundesweit marktbeherrschender Te-lekommunikations-Dienstleister, größtes Telekommunikationsunter-nehmen in Europa
E-Plus Mobilfunk GmbH E-Plus-Platz 40468 Düsseldorf Tel.: 02 11/44 80 Hotline: 01 80/5 33 01 77 Fax: 02 11/4 48-22 22 Internet: www.eplus.de	01 77	-	-	-	Mobilfunknetzbetreiber
EconoPhone GmbH Flughafenstr. 54b 22335 Hamburg	0 10 99	ja (ab Herbst 98)	ja (ab Herbst 98)	nein	Call-by-Call und Preselection, ab Herbst 98 bundesweit

Tel.: 0 40/53 10 07-0
Hotline: 01 30/73 96 66
Fax: 0 40/53 10 07-23
Internet: www.econophone.com

Esprit Telecom Deutschland GmbH — 0 10 55 — in Planung — ja — nein — Preselection nur für Kunden mit einem Telefonaufkommen von über 500 DM (ohne Ortsgespräche), für Privatverbraucher gibt es die Telefonkarte
Am Seestern 3
40547 Düsseldorf
Tel.: 02 11/5 27 42 -0
Hotline: 01 30/78 63 63
Fax: 02 11/5 27 42 -31 00
Internet: www.esprittele.com

Ewe Tel GmbH — 0 10 14 — ja — ja — regional — in der Region Weser/Elbe auch als Vollanbieter, ansonsten deutschlandweit Call-by-Call und Preselection
Donnerschweer Str. 22-26
26123 Oldenburg
Tel.: 04 41/9 70 98 -0
Hotline 01 80/3 25 24 23
Fax: 04 41/9 70 98 -29 95
Internet: www.ewetel.de

Firma	Netz-vorwahl	Call-by-Call	Preselec-tion	Direct access	Bemerkungen
First Telecom GmbH Lycner Str. 15 60528 Frankfurt am Main Te.: 0 69/66 54 24 00 Hotline: 01 30/92 01 Fax: 0 69/66 54 24 44 Irternet: www.first-telecom.de	0 10 39	ja, derzeit aber nur in best. Regionen	ja, derzeit aber nur in best. Regionen	nein	derzeit nur in den Gebieten Berlin, Hamburg, Hannover, Köln, Düsseldorf, Frankfurt, Stuttgart, München, bundesweiter Ausbau geplant
HanseNet Telekommunikation GmbH Hammerbrookstr. 63 20097 Hamburg Tel.: 0 40/2 37 26 –0 Service: 01 80/2 27 27 57 Fax: 0 40/2 37 26 –199 Internet: www.hansenet.net	0 10 41	ja	ja	geplant, aber nur regional	nur Region Hamburg, sekundengenaue Abrechnung, Ortsgespräche ab 1999, aber auch nur regional
Hutchison Telecom GmbH Münsterstr. 109 48155 Münster Tel.: 0 25 06/9 22 –0	0 10 36	geplant	ja	nein	Abrechnung im Zehn-Sekunden-Takt oder sekundengenau, verschiedene Tarife

Hotline 01 80/2 32 52 72

Fax: 0 25 06/9 22 –229

Faxabruf: 01 80/5 22 31 22

Internet: www.hutchison.de

| Interoute Telecom Deutschland GmbH | 0 10 66 | ja | ja | nein | verschiedene Tarife, sekundengenaue Abrechnung |

Lyoner Str. 15

60528 Frankfurt am Main

Tel.: 0 69/66 98 38 0

Hotline: 08 00/6 60 10 66

Fax: 0 69/66 98 38 38

Internet: www.interoute.de

| Iridium Communications Germany GmbH | intern. Vorwahl +8816 | - | - | - | satellitengestützter Mobilfunkanbieter |

Jägerhofstr. 19-20

40479 Düsseldorf

Tel.: 02 11/49 73-0

Fax: 02 11/49 73 –111

Internet:

www.iridium-communications.de

Firma	Netz-vorwahl	Call-by-Call	Preselec-tion	Direct access	Bemerkungen
Isis Multimedia Net GmbH Kaistr. 6 40221 Düsseldorf Tel.: 02 11/85 11 800 Hotline: 02 11/85 11 801 Fax: 02 11/85 27 610 Internet: www.isis.de	0 10 20	nein	ja, regional	ja, regional	Preselection und Direct Access in der Region Düsseldorf, Online-Angebote
KomTel Gesellschaft für Kommunikations- und Informationsdienste mbH Nordermarkt 1 24937 Flensburg Tel.: 04 61/9 09 00 –0 Hotline: 04 61/9 09 00 –90 Fax: 04 61/9 09 00 –31 Internet: www.komtel.net	0 10 46	ja	ja	ja, regional	nur regionaler Anbieter, eigenes Netz in Flensburg
Mannesmann Arcor AG & Co. Kölner Str. 5 35760 Eschborn	0 10 70	ja	ja	ab Mitte 98	Call-by-Call ohne Anmeldung, Vollanbieter geplant ab Mitte 1998

Tel.: 0 69/21 69 -0
Hotline: 01 30-76 86
Faxabruf: 08 00-1 07 09 00
Internet: www.arcor.net

					Call-by-Call ohne Voranmeldung
MobilCom AG Schwarzer Weg 13 24837 Schleswig Tel.: 0 46 21/9 00 20 Hotline: 01 80/5 19 19 19 Fax: 01 80/5 27 24 Internet: www.mobilcom.de	0 10 19	ja	ja	nein	
NEFkom Telekommunikation GmbH & Co. KG Bärenschanzstr. 4 90429 Nürnberg Tel.: 09 11/2 71 35 26 Fax: 09 11/2 71 35 02 Internet: www.nefkom.de	0 10 34	steht noch nicht fest	geplant	regional	City Carrier im Raum Nürnberg, Erlangen, Fürth, derzeit ausschließlich Geschäftskunden, ab 1999 auch Privatkunden

Firma	Netz-vorwahl	Call-by-Call	Preselec-tion	Direct access	Bemerkungen
Netcologne Gesellschaft für Telekom-munikation mbH Maarweg 163 50825 Köln Tel.: 02 21/22 22 –0 Hotline: 02 21/22 22 –800 Fax: 02 21/22 22 –390 Internet: www.netcologne.de	0 10 22	geplant	geplant	regional	City Carrier im Raum Köln
NordKom Bremerhaven Telekommu-nikations GmbH Fährstr. 20-22 27558 Bremerhaven Tel.: 04 71/4 77 10 80 Fax: 04 71/4 77 10 55 Internet: www.nordkom.de	0 10 27	geplant ab Okt. 98	geplant ab Okt. 98	regional	City Carrier, eigene Anschriften für NordCom Weser-Elbe (Hotline: 01 80-2 67 12 12) und CNB Communi-cation Bremen (Tel.: 04 21-3 59 33 11) derzeit nur Geschäftskunden, Pri-vatkunden im Aufbau
o.tel.o communications GmbH & Co. Heerdter Lohweg 35 40549 Düsseldorf	0 10 11	ja	ja	in Planung	Call-by-Call ohne Anmeldung

Tel.: 02 11/5 60 20
Hotline: 01 80/31 99
Fax: 02 11/5 60 29
Internet: www.o-tel-o.de

Plusnet Gesellschaft für Netzwerk Services mbH August-Thyssen-Str. 1 40211 Düsseldorf Tel.: 02 11/8 24 91 Hotline: 01 80/3 21 23 23 Fax: 02 11/8 24 86 41 Internet: www.plusnet.de	0 10 40	ja	ja	nein	nur Geschäftskunden, Tarifmodell der Deutschen Telekom mit Rabatten ab der Region 50
RSL Com Deutschland GmbH Lyoner Str. 36 60528 Frankfurt Tel.: 0 69/66 98 43-0 Hotline: 01 30/76 30 45 Fax: 0 69/66 98 43-304 Internet: www.rslcom.de	0 10 15	ja	ja	in Planung	sekundengenaue Abrechnung, überwiegend für Geschäftskunden, ab Herbst 98 auch für Privatkunden geplant

Firma	Netz-vorwahl	Call-by-Call	Preselec-tion	Direct access	Bemerkungen
Star Telecommunications Deutschland GmbH Voltastr. 1a 60486 Frankfurt Tel.: 0 69/9 82 40 -0 Hotline: 08 00/7 83 78 72 Fax 0 69/9 82 40 -100 Internet: www.startel.de	0 10 98	ab Ende 98	ja	ja, geplant ab Mitte 99	Call-by-Call ohne Anmeldung geplant, sekundengenaue Abrechnung
TalkLine GmbH TalkLine Platz 1 25383 Elmshorn Tel.: C 41 21/41 00 Hotline: 0 41 21/41 21 Fax: 0 41 21/41 49 50 Internet: www.talkline.de	0 10 50	ja	ja	in Planung	Call-by-Call ohne Anmeldung, mehrere Tarife
Telcat GmbH Sudeterstr. 10 38239 Salzgitter	-	ja	nein	nein	Netzoptimierer, arbeitet mit anderen Netzbetreibern und vermittelt über einen Least-Cost-Router, der kostenlos

Tel.: 0 53 41/21 88 19 Fax: 0 53 41/21 82 99 Internet: www.telcat.com				zur Verfügung gestellt wird, es gibt feste Tarife
TelDaFax AG Rudolf-Breitscheid-Str. 1-5 35037 Marburg Tel.: 0 64 21/1 81-00 Hotline: 08 00/0 10 30 00 Fax: 0 64 21/1 81 –120 Internet: www.teldafax.de	0 10 30	ja	ja	nein	Call-by-Call ohne Anmeldung, ab 200 Mark Umsatz wird ein Router zur Verfügung gestellt, der zwischen Telekom und TelDaFax umschaltet
Teleos Gesellschaft für Telekommunikation und Netzdienste Ost-Westfahlen Schaumburg mbH Bielefelderstr. 3 32051 Herford Tel.: 0 52 21/18 31 83 Fax: 0 52 21/18 31 99 Internet: www. teleos.de	0 10 95	nein	ja, ab 01.08.1998	regional, ab 01.08.1998	City Carrier im Kreis Ost-Westfalen Lippe, sekundengenaue Abrechnung

Firma	Netz-vorwahl	Call-by-Call	Preselec-tion	Direct access	Bemerkungen
Tele 2 Communication Services GmbH In der Steele 39 40599 Düsseldorf Tel.: 02 11/74 00 40 Hotline: 08 00/2 40 10 13; Fax Firmenkunden: 08 00/2 22 10 13 Fax Privatkunden: 08 00/1 01 30 02 Internet: www.tele2.com	0 10 13	ja	geplant für 4. Quartal 1998	nein	günstiger Verbindungsanbieter und Vermittler
TeleBel Ges. f. Telekommunikation Bergisches Land mbH Johannisberg 7 42103 Wuppertal Tel.: 02 02/2 71 67 -0 Hotline: 01 80/2 24 45 44 Fax: 02 02/2 71 67 -67 Internet: www.telebel.de	0 10 42	nein	nein	regional	Anschlußanbieter für die Region Wuppertal, Remscheid, Solingen, Velbert und Schwelm; sekundenge-naue Abrechnung, eigenes Glasfa-sernetz (auch fürs Internet)

TelePassport Service GmbH Juri-Gagarin-Ring 88 99084 Erfurt Hotline: 08 00/8 08 80 88 Fax: 08 00/8 08 80 89 Faxabruf: 01 80/5 24 98 10 Internet: www.telepassport.de	0 10 24	ja	in Planung	sekundengenaue Abrechnung
Tesion Communikationsnetze Süd- *West GmbH & Co. KG* Kriegsbergstr. 11 70174 Stuttgart Tel.: 07 11/20 21- 0 Hotline: 08 00/7 11 07 11 Fax: 07 11/20 21-612 Internet: www.tesion.de	0 10 23	ja	in Planung	Mindestumsatz 30 DM, bundesweit ein Tarif, für Region Baden-Würt- temberg mehrere Tarife

Firma	Netz-vorwahl	Call-by-Call	Preselec-tion	Direct access	Bemerkungen
VEW TELNET Ges. für Telekommunikation und Netzdienste mbH Unterste-Wilms-Str. 29 44143 Dortmund Tel: 02 31/4 38 02 Hotline: 08 00/0 44 44 44 Fax 02 31/4 38 16 16 Internet: telnet.vew.de	0 10 44	ja	ja	regional	regionaler Anbieter für Westfalen Lippe, eigenes Glasfasernetz, Call-by-Call ohne Anmeldung in Planung
Viag Interkom GmbH & Co. Else·lheimer Str. 11 806€7 München Tel.: Zentrale 0 89/54 73-0 Hotline: 08 00/1 09 00 00 Fax: C 89/54 73-81 11 Internet: www.viaginterkom.de	0 10 90	ja	ja	Vollanbieter in Vorbereitung	eigenes Mobilnetz ab Herbst 98, sekundengenaue Abrechnung, keine Anmeldung für Call-by-Call nötig, Partner für City Carrier (Bayernwerk Netkom)
Viatel GmbH Hanauer Landstraße 187-189 60314 Frankfurt	0 10 79	ja	ja	nein	Call-by-Call ohne Anmeldung, auch Calling Cards

Tel.: 0 69/9 49 94 –0
Fax: 0 69/9 49 94 -01 00
Internet: www.viatel.com

Westcom GmbH	0 10 85	ja	ja	in Planung	sekundengenaue Abrechnung, mehrere Tarife, Callback

Hebelstr. 22C
69115 Heidelberg
Tel.: 0 62 21/6 09 10
Hotline: 08 00/9 37 82 66
Fax: 01 30/18 52 85
Internet: www.westcom.de

WorldCom Telecommunication Services GmbH	0 10 88	nein	ja	in Planung	Preselection, mehrere Tarife

Mainzer Landstr. 46
60325 Frankfurt
Tel.: 0 69/9 72 68 0
Hotline: 0 18 03/11 88 11
Fax: 0 69/95 20 14 20
Internet: www.wcom.de

2. Verbraucherverbände und andere wichtige Adressen

Regulierungsbehörde für Telekommunikation und Post
- Verbraucherservice -
Postfach 80 01
53105 Bonn
Tel: 01 80/5 10 10 00
Fax: 0 30/22 48 05 15
Email: verbraucherservice@regtp.de
Internet: http://www.regtp.de

Verbraucher-Zentrale Baden-Württemberg e.V.
Paulinenstr. 47
70178 Stuttgart
Tel: 07 11/66 91 – 0

Verbraucher-Zentrale Bayern e.V.
Mozartstraße 9
80336 München
Tel: 0 89/53 98 70

Verbraucher-Zentrale Berlin e.V.
Bayreutherstr. 40
10787 Berlin
Tel: 0 30/2 14 85 – 0

Verbraucher-Zentrale Brandenburg e.V.
Hegelallee 6-8, Haus 9
14667 Potsdam
Tel: 03 31/2 89 33 33

Verbraucher-Zentrale des Landes Bremen e.V.
Altenweg 4
28195 Bremen
Tel: 04 21/16 07 77

Verbraucher-Zentrale Hamburg e.V.
Kirchenallee 22
20099 Hamburg
Tel: 0 40/2 48 32 – 0

Verbraucher-Zentrale Hessen e.V.
Reuterweg 51-53
60323 Frankfurt am Main
Tel: 0 69/97 20 10 – 0

Verbraucher-Zentrale Mecklenburg-Vorpommern e.V.
Strandstr. 98
18055 Rostock
Tel: 03 81/49 39 80

Verbraucher-Zentrale Niedersachsen e.V.
Herrenstr. 14
30159 Hannover
Tel: 05 11/9 11 96 – 01

Verbraucher-Zentrale Nordrhein-Westfalen e.V.
Mintropstr. 27
40215 Düsseldorf
Tel: 02 11/38 09 – 0

Verbraucher-Zentrale Rheinland-Pfalz e.V.
Große Langgasse 16
55116 Mainz
Tel: 0 61 31/28 48 – 0

Verbraucher-Zentrale des Saarlandes e.V.

Hohenzollernstr. 11

66117 Saarbrücken

Tel: 06 81/50 08 90

Verbraucher-Zentrale Sachsen e.V.

Bernhardstr. 7

04315 Leipzig

Tel: 03 41/6 88 80 80

Verbraucher-Zentrale Sachsen-Anhalt e.V.

Steinbocksgasse 1

06108 Halle

Tel: 03 45/2 98 03 – 0

Verbraucher-Zentrale Schleswig-Holstein e.V.

Bergstr. 24

24103 Kiel

Tel: 04 31/5 12 86

Verbraucher-Zentrale Thüringen e.V.

Eugen-Richter-Str. 45

99085 Erfurt

Tel: 03 61/5 55 14 – 0